見る+読む=わかる イラスト六法

わかりやすい借地

弁護士 金澤均 監修
山川直人 絵

自由国民社

はじめに

　土地の利用は、住居の敷地利用という生活の基盤であると共に、各種店舗、営業用のビルの用地利用として経済活動の基盤になっています。土地は有限であり、地価の高騰などにより土地を所有することが極めて困難な今日の社会にあっては、居住用にせよ店舗等の営業用にせよ土地の利用はそのほとんどが土地の賃借権に依存しなければなりません。

　ところで、土地の賃借権は民法上は債権とされてその権利性が弱いため、借地法は、土地利用権の強化を目的として建物所有を目的とする賃借権について対抗力の付与、期間の永続性、権利の譲渡性等の権利強化の規定を設け、これらの規定を強行法規化し、借地人の地位を極めて強化しています。

　しかし、借地人の権利強化の反面には、地主の権利の制約が伴います。つまり、借地人の権利強化は、反面において地主の反発を生み、その制約を補うために賃貸条件が厳しくなるという問題が生じていました。

　そこで、このような借地人と地主の利害を妥当に調整するための借地法の改正作業が行われ、新しい借地借家法が平成３年９月30日に成立し、平成４年８月１日から施行されました。しかし、従来から存在する借地借家関係にも適用することになると、その影響があまりに大きく、混乱を招きかねないという考えからこの法律は、施行以前に成立した契約には、新しい法律の契約の更新に関連する規定が適用されないことを明確にするなど、従来の借地借家関係に影響を与えないよう配慮しています。

　いずれにしても、借地の紛争は、土地という重要な財産をめぐる権利関係の問題であり、借地人も地主も生活の基礎、あるいは重要な資産にかかわる深刻な利害の対立を生じるのが常です。

　しかしながら、借地の法規定は一般的に理解しにくい面も

あり、また、借地に関する名義書換の承諾料その他の金銭給付の問題も必ずしも一義的に判断できない点があります。さらに一つの借地紛争の解決についても、その解決方法は、任意の交渉から、調停手続、訴訟手続のほか、借地非訟という特別の手続まであって、専門知識を要する場合が多いというのが実情です。

　また、借地の紛争にはケース・バイ・ケースの判断を要する問題が多々含まれており、しかも、借地人、地主のいずれにとっても重大な利害関係をもつものであり、対応を誤ると重大な結果になりかねない点が多々あります。

　従って、素人判断で安易に対応することなく、事前に、あるいはトラブルが発生したらすぐに弁護士などの専門家に相談することが、未然にトラブルを防止し、あるいはすでに生じているトラブルを適切に解決するための最善の方策です。

　本書は、イラストの導入によりそうした借地の法律関係をできる限り分かり易く解決しようとするものです。

　　令和元年11月1日　　　　　　　　監修者　弁護士　金澤　均

編集部　借地と言えば「土地を借りること」と単純に考える人もいるかもしれませんが、借地借家法が借地人を保護しているのは、建物の所有（借地人が建物を造って所有する）を目的とする地上権、または土地の賃借権（いわゆる「借地権」）です。借地権はどちらかと言えば賃借人を保護する権利ですが、地主と借地人の間では、賃料（更新料含む）や契約の解除・終了などのトラブルでは借地権の内容が問題となります。

　借地をめぐる法律は一見簡単なようですが、トラブルを見るとさまざまな態様があり、法律の条文だけではなく、判例がどのようになっているかを知ることが重要です。

　本書はこうした紛争の解決のために、法律の規定・判例をイラスト（図解）を駆使して、わかりやすく解説してあります。

　本書が、紛争の予防あるいは解決に役立てば幸いです。

目　次

序章　借地問題の基礎知識 …………9

1. 借地について法律はどう定めているか　10
2. 旧法下の契約には旧借地法が適用される　12
3. 定期借地権とはどんなものか　14
4. 借地権はどんな場合に発生するか　16
5. 契約期間中の地主と借地人の権利関係は　18
6. 借地をめぐる登記とその効果は　20
   ★借地をめぐる税務　22

第1章　土地賃貸借契約の要点 ……………23

1. 土地賃貸借契約の種類と契約書作成の注意点　24
2. 契約期間はどう定められているか　26
3. どのようなことを特約で定めるとよいか　28

〔土地賃貸借契約書のサンプル〕
建物の所有を目的とする一般の土地賃貸借契約　30
定期借地権設定による土地賃貸借契約　32
駐車場に使用する場合の土地賃貸借契約　36
土地を地主が駐車場に使用させる契約　38
資材置場に使用する土地賃貸借契約　40
仮設建物設置のための土地賃貸借契約　42
　★土地賃貸借の要点　44

第2章 借地期間中の地主と借地人のトラブル……45

1．トラブルにはどんなケースがあるか　46
2．借地借家法・借地法の適用をめぐる問題点　48
　無償で貸した場合はどうなるか　50
　一時使用の場合はどうなるか　51
　荷物置場に貸したら小屋ができた　52
　ゴルフ練習場に事務所ができた　53
　広告塔は建物として認められるか　54
　国有地を借りたときはどうなるか　55
3．借地条件違反をめぐる問題点　56
　建物を耐火構造にしたとき　58
　用法違反なので工事を中止したい　59
　堅固なヘイを作ると用法違反になるか　60
　用法を変更し鉄筋のマンションを建てたい　61
4．地代の値上げ・値下げの問題点　62
　地代の支払いが滞っているが　64
　地主が変わり値上げを要求してきた　65
　急に地代を2倍にすると言われた　66
　借地人が車庫を作ったので値上げしたい　67
5．無断増改築をめぐる問題点　68
　増改築で地主の承諾は必要か　70
　木造建物を鉄筋のマンションにしたい　71
　増改築禁止の特約があるのに改築した　72
　当面の住居にバラックを建て後で本建築にすると　73
6．借地権の譲渡・借地の転貸の問題点　74
　借地権を譲渡したいのだが　76

目次　5

名義書換料を請求されたが　77
　　借地（底地）の担保権が実行されると　78
　　建物の担保権が実行されたが　79
７．地主・借地人の変更の問題点　80
　　地主が死亡したらどうなるか　82
　　借地人が死亡するとどうなるか　83
　　未登記建物のある借地を売られたが　85
８．契約期間中の借地権の終了と問題点　86
　　借地上の建物が老朽化している　88
　　破産すると契約は終了するか　89
　　用法違反で借地人は買取請求ができるか　90
　　地代滞納による契約解除で買取請求は　91
　　借地が道路拡張で収用されるが　92
　　土地収用で借地人の補償は　93
　　★〈トピックス〉借地権付き住宅　94

第3章　借地期間の満了と更新……………95

１．借地期間の満了とその後の手続き　96
２．どんな場合に契約は更新されるか　98
　　一時使用だと期限に返してもらえるか　100
　　契約を更新しないという特約は有効か　101
　　更新料は払わなければならないか　102
　　更新料の相場はどうなっているか　103
３．どんな場合に契約は終了するか　104
　　正当事由の有無はどう判断されるか　106
４．明渡す場合の補償には何があるか　108
　　買取請求の対象となるものは何か　110
　　誰に・いつ・いくらで買取請求するのか　111

合意による明渡しで買取請求は　112
　　建物以外でも買取請求はできるか　113
　　地主の都合による場合の立退料は　114
　　借地人の契約違反で立退料は　115
　　明渡しでもめているので供託したい　116
　　　★〈トピックス〉定期借地権に関するトラブル　118

第4章　更新拒絶で問題となる正当事由の研究…119

1．更新拒絶は正当事由が必要　120
2．正当事由の判断で何が問題になるか　122

〔地主・借地人の必要性〕
　　必要度は互角として正当事由を認めなかった例　124
　　必要度を比較して明渡しを認めた例　125
　　借地人側の必要度が高いとして認めなかった例　126
　　借地人の必要度が高いとして認めなかった例　127

〔地主・借地人の経済事情〕
　　資産に格差があり過ぎ認めなかった例　128
　　地主が困窮していることから正当事由を認めた例　129

〔借地人の背信行為など〕
　　空地のままの部分の明渡しが認められた例　130
　　借地の一部に明渡しが認められた例　131

〔地主の立退料の提供〕
　　立退料を提供しても正当事由を認められなかった例　132
　　立退料を補強条件として正当事由を認めた例　133

〔借地上建物の借家人の事情〕
　　借家人の事情を考慮すべきでないとした例　134
　　借家人の事情を考慮し正当事由なしとした例　135

〔高度利用・その他〕

高度開発で正当事由が認められた例　136
　　控訴審で立退料を提示し正当事由が認められた例　137
　　立退料の額を示し正当事由を認めた例　138

第5章　借地紛争と解決法 …………………139

1. **紛争の実態と解決はどうするか**　140
2. **支払督促の申立てと手続き**　142
3. **調停の申立ての仕方と手続き**　144
4. **訴訟の仕方はどのようにするか**　146
   ▶訴訟・調停等の申立手数料額　149
5. **借地非訟事件手続きによる解決**　150
6. **各種の専門家と頼み方**　152
   ▶全国の弁護士会の電話番号と弁護士報酬　153

資料　借地借家法と旧借地法の条文　154

▶**本書の利用の手引き**

◆本書は借地の権利関係等について、できうる限り分かりやすく解説することにより、紛争解決あるいは紛争予防に役立ててもらいたいという趣旨から発刊されたものです。

◆まず、序章では借地問題のアウトラインを解説しました。本章により借地についての大まかな権利関係と問題点を捉えることができる筈です。そして、1章～4章までは、借地契約から契約の終了まで、問題が起きやすい部分を中心に解説しました。特に4章では、明渡しで問題となる「正当事由」について判例解説を試みました。また、5章では紛争解決法を平易に手続きの流れに従って解説してあります。

序 章

借地問題の基礎知識

　本章では、地主・借地人がこれだけは知っておきたいという基礎知識について、契約から終了まで解説しました。なお、新借地借家法が制定されて、定期借地権が新設されるなど、この新法は、平成4年8月1日から施行されましたが、施行前に成立した契約については、おおむね旧借地法による扱いとなっています。本稿においては、現在も旧借地法下の契約が借地の多くを占めることから、従来の借地関係を中心に解説してあります。

♣これだけは知っておきたい借地問題のポイント

1. 借地について法律はどう定めているか

★借地についての法律には、民法・旧借地法・借地借家法などがあります。借地借家法は施行後の平成4年8月1日以降の契約に適用されますが、施行前の契約にはおおむね旧借地法が適用されます。

 借地借家法

いつ借地の契約をしたかによって適用される法律が異なります。

◎民　法　⇨地上権（265条～269条の2）、賃貸借（601条～622条）の規定がある

◆地上権についての定め

地上権とは、工作物（建物・塀など）または竹木を所有することを目的とする物権です。
このうち、建物の所有を目的とする地上権の場合、借地法の適用があります。ただし、地上権による借地は現在、ほとんどありません。

◆賃貸借についての定め

土地の賃貸借では使用目的を明確にして貸すのが一般的です。
このうち、建物の所有を目的とする土地の賃貸借契約には借地借家法の適用があります。

◎借　地　法　⇨大正10年4月7日成立、平成4年8月1日廃止

借地法は、一言でいえば借地人と借地上の建物を保護するための法律です。
借地法は、建物の所有を目的とする地上権、賃借権に適用され、借地権が成立します。駐車場として貸すなど建物の所有を目的としない場合には、借地借家法は適用されません。なお、この借地法は後述する借地借家法の施行に伴い平成4年7月31日をもって廃止となりましたが、それまでに借地契約があったものは、ほとんどの場合この借地法が適用になります（13ページ参照）。現在ある普通借地権の多くは、この時代に契約されたものです。

〔物権と債権〕　物権は目的物を直接・排他的に支配する権利で、所有権・地上権など9つの権利を定めています。これに対して債権は、ある特定の人に請求し得る権利で、賃借権もこれに当たりますが、物権ほど強い権利ではありません。

◎建物保護ニ関スル法律
(以下「建物保護法」と略)
明治42年5月21日施行、平成4年8月1日廃止

地上権の場合は地上権設定登記が、賃借権では賃借権の登記がないと地主が土地を譲渡した場合、借地人の使用期間がまだ残っていても、それを新地主に主張することはできません。こういった弊害が出たことから、建物保護法が制定され、借地上の建物について登記をしておけば、土地が他人に譲渡されても、今までどおりの借地条件で、当然に新地主からも借り続けることができることにしたのです。

◎借地借家法 ⇨平成4年8月1日施行

借地法・借家法・建物保護ニ関スル法律を一本化する形で法改正が行なわれ、平成4年8月1日より施行されました。施行前に契約されている(借地関係にある)ものについてはおおむね旧借地法が通用されます(13ページ参照)。
借地借家法による改正の内容等については、次項を参照してください。

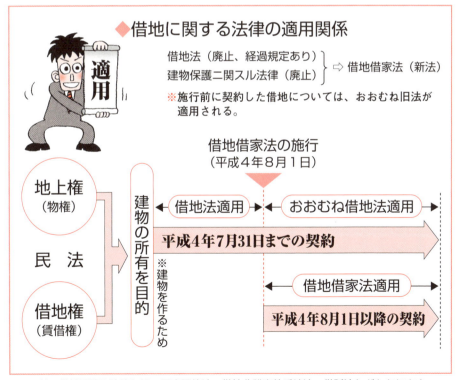

※この他、借地関連の法律には、民事調停法、借地非訟事件手続法、供託法などもあります。

2. 旧法下の契約には旧借地法が適用される

★借地借家法では、地主から立ち退きを求められる「正当事由」の内容が明確にされ、借地期間も短縮されています。

借地法は、現在の社会、経済の情勢に合わなくなり、現在の借地需要の多様化に対応するために廃止され、借地借家法が誕生しました。

※平成4年7月31日までの契約については、おおむね旧借地法が適用されます。

◆借地借家法（新法）と借地法（旧法）はどこが違うのか

1 借地権の存続期間が短縮された

〔平成4年7月31日までの契約〕
（旧法の存続期間）

石造建物など堅固な建物は30年以上、更新後も30年（契約の定めがなければ60年）。木造建物など非堅固な建物は20年以上、更新後も20年（契約の定めなければ30年）。

⇒

〔平成4年8月1日以降の契約〕
（新法の存続期間）

建物の区分はなく、新契約の場合は一律30年。更新後は原則10年（1回目の更新時のみ20年）。

★借地借家法では一律に30年です（3条）。契約を更新する場合には、その存続期間は、1回目の更新が20年、2回目以降は10年です（4条）。もちろん、これより長い存続期間を定めることは自由です。
　なお、借地借家法では「堅固な建物」「非堅固な建物」という区別はなくなりました（旧借地法の存続期間の詳細は、26ページ参照）。

2 借地借家法では更新のない定期借地権が創設された

一般定期借地権	事業用借地権	建物譲渡特約付借地権
書面により存続期間を50年以上と定める（22条）。	公正証書により事業目的で存続期間10年以上50年未満とする(23条)。	書面により30年以上の期間満了のときに借地上の建物を地主に譲渡する契約をする(24条)。

★定期借地権は、更新のない借地権です。地主と借地人が定期借地権契約を結ぶと、借地人は更新ができず、存続期間が終了したら地主に、必ず土地を返さなければなりません。これは、土地を貸すと半永久的に戻ってこないという、貸主側の批判に応えたもので、借地借家法の制定で導入されました。（詳しい解説は14ページ参照）。

3 立退きを要求できる正当事由の明文化 ⇨詳細120ページ以下参照

★地主が借地契約の更新を拒絶し、借地人に立退きを求めるには、地主側に正当事由がなければなりません。旧借地法では、地主が「自ら土地を使う必要がある」場合とあり、やや漠然とした規定でしたが、新法では次のように正当事由を判断する要因が明文化されています（6条）。なお、新法に明文化された正当事由の内容は、これまでの明渡し訴訟でも判断要因として使われています。明文化により、正当事由が拡大されたという見方もできますが、実質は基本的に変わらないというべきでしょう。

4 その他の改正点

★このほかにも新法では、借地上の建物が契約期間中に滅失した場合の借地権の取扱い（87頁参照）や、地代値上げの紛争の取扱い（65ページ参照）なども改正されています。また、借地権付分譲マンションなどのように、地主が借地権を他の者と共有する場合にかぎり、自己借地権も認めています（15条）。

◆借地借家法（平成4年8月1日施行）と旧借地法の適用関係

存続期間・更新等	平成4年7月31日までに締結された契約は旧借地法による。
建物滅失後の再築による期間伸長	平成4年7月31日までに締結された契約は旧借地法による。
正当事由	平成4年7月31日までに締結された契約は旧借地法による。
地代増減額と、その手続き（調停前置等）	すべての借地契約は新法による。
借地条件の変更	原則として、新法による。
建物買取請求時の代金支払期限の許与	平成4年7月31日までの契約には適用なし。
自己借地権	施行前のものも、施行後は有効になしうる。
定期借地権（新タイプの契約）	施行前の契約も、施行後は有効になしうる。

3. 定期借地権とはどんなものか

★更新はなく、契約期間終了後は地主に土地を返さなくてはなりません。

定期借地権は借地借家法によって創設された制度で、借地期間の満了により契約は終了し、更新されることはありません。

★**定期借地権には、3つのタイプがあります。**

　定期借地権は、更新のない借地権です。契約期間が満了になると、借地人は地主に必ず土地を返さなければなりません。地主にとっては、定期借地権の借地契約を結ぶほうが、普通の借地契約より有利です。
　借地借家法は、①一般定期借地権、②事業用定期借地権、③建物譲渡特約付借地権という、3つのタイプの定期借地権を規定しています。それぞれの特色は、下表の通りです。なお、定期借地権設定契約については、32～35ページ参照。

■**定期借地権のタイプとその特色**

タイプ	一般定期借地権 （法22条）	事業用定期借地権 （法23条）	建物譲渡特約付借地権 （法24条）
存続期間	50年以上	10年～50年未満	30年以上
使用目的	制限はない	事業用建物の所有に限る	制限はない
契約方法	公正証書などの書面による	公正証書契約に限る	書面でなくてもいい
特約内容	・更新できないこと ・建物の買取請求ができないこと	・更新できないこと ・建物の買取請求ができないこと	・更新できないこと ・30年以上経過後に地主が建物を時価で譲り受けること
借家人の地位	法35条による保護	法35条による保護	期間のない借家権

① **一般の定期借地権**は、従来の普通借地権と比べれば地主に有利です。しかし、存続期間が50年以上というのは長過ぎます。地価の上昇や都市開発のペースなど社会の動きに合わせて、地主が土地の有効利用を図るのは難しいでしょう。
② **事業用定期借地権**は、地主・借地人の双方にメリットがあります。10年以上50年未満の賃貸ですから、地主にとっては具体的な計画が決まるまでは地代が稼げますし、また借地人にとっても、初期投下資金が少なくてすむわけです。
③ **建物譲渡特約付借地権**は、契約終了で借地権がなくなる代わりに借家権が発生します。借地上の建物を使用している者は、地主との賃貸借契約となるのです。土地が戻り建物の譲渡を受けても、借家人がいれば地主の再利用は困難です。

★事業用定期借地権のポイントは次の３つです。

① 借地上の建物は、事業用に使うものに限ります。
　賃貸マンションのように、事業用であっても居住目的の建物は対象になりません。対象となるのは、量販店、レストラン、遊技場、旅館、ホテルなどで、賃貸マンションや社宅は対象外です。
② 借地権の存続期間は、10年以上50年未満です。
　借地人は借地期間が終了したら、借地上の建物を収去して土地を明け渡さねばなりません。借地期間が短期間の場合、建て替えた場合にも期間延長はできないので、そのため借地上に建てる建物は、期間終了後は利用価値がなくなるような簡素で質の低いものが増える危険性もあります。なお、存続期間が50年以上の場合、一般定期借地権が利用できます。
③ 事業用借地権の設定には、必ず公正証書を作成します。
　公正証書以外の書面を使うと無効です。具体的な公正証書作成のための覚え書きの書式例は、35ページのサンプルを参考にしてください。

◆自己借地権とはなにか

　自己借地権とは、自分の土地に自分の借地権を有することをいい、他の者と共に有することになるときに限り許される制度です。

　これは借地借家法で新しく創設されたもの（15条）で、例としては、マンションの一部を第三者に借地権を設定して譲渡する場合が典型です。

　この場合には、借地権を共有することになりますので、契約書においてその持分割合を決めることになります。

4. 借地権はどんな場合に発生するか

★建物の所有を目的とする地上権および土地の賃貸借契約により、借地権は発生します。

1 建物の所有を目的とする地上権

☆地上権には「法定地上権」(民法388条)、「地下または空間を目的とする地上権(地下権・空中権)」(269条の2)もあります。

☆地上権設定契約によって地上権は発生します。建物所有を目的として地上権が設定された場合には、借地借家(旧借地)法が適用されます。

借地借家法が適用されると、正当事由がないと立ち退いてもらうことが困難となります。

借地権の発生

地上権設定契約

建物を所有	建物所有の目的以外	建物の建築前の更地
借地借家(旧借地)法の適用あり	借地借家(旧借地)法の適用なし	借地借家(旧借地)法の適用あり

※ただし、このようなケースはほとんどない。

〔法定地上権〕土地とその上の建物を所有する者が、一方だけに抵当権を設定し、抵当権が実行されて競売がなされた場合、土地と建物の所有者は別々の人となります。そうすると建物は他人の土地上に存在することになり、建物の所有者は撤去しなければならなくなります。こうしたことを防ぐために、抵当権設定者が競売の際に地上権を設定したものとみなすのが法定地上権です。

2 建物の所有を目的とする賃借権

※定期借地権については14ページ参照

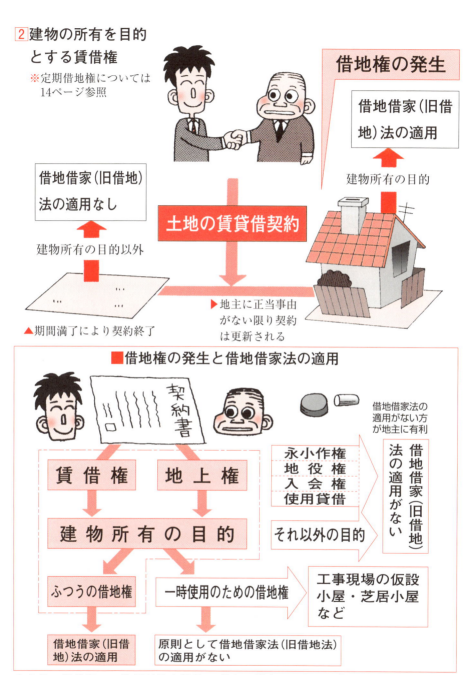

☆土地の賃貸借で、使用目的が建物の所有の場合には借地借家法が適用され、地主に正当事由がなければ契約期間満了でも更新されるなどの借地人保護があります。

5. 契約期間中の地主と借地人の権利関係は

★契約期間中は、両者は信頼関係で結ばれています。

☆借地契約をする場合の借主の注意点
- 調　　　査→土地面積は・境界線は明白か・道路はどうなっているか・更地かどうかetc
- 権 利 関 係→他人に使用させていないか・貸主は所有者本人か・登記簿etc
- 使用・収益→すぐ家が建つか・他人に貸せるか・借地権を売ることができるかetc

借地契約

借地権の発生

地代の支払い

〔契約違反〕
・地代の滞納
・無断譲渡
・転貸
・無断増改築
など

信頼関係を破るような行為

↓

契約解除

〔信頼関係とは〕　地主が土地家屋を貸すとき、借地人がそれを借りるときは「あの人だから大丈夫」という安心と信頼が基礎にあります。この基礎(人間関係)は貸借の法律関係の基本とされ、明渡し時の正当事由の大きな要素になっていますが、近時はこの人間関係のほかに賃料(物的関係)が主要な要素となってきています。

契約続行
↑
合意更新

①借地人からの更新で地主に正当事由がある場合、②借地人が借地権消滅後も土地使用を継続している場合には、地主が遅滞なく異議を述べないと法定更新となる。

正当事由の有無をめぐり争いとなるケースが多い。

▶定期借地権の場合は、期間の満了により当然に契約は終了する。

● 任意に明け渡す
● 定期借地権の場合

正当事由あり

正当事由なし

契約期間の満了による契約の終了
↓
明渡し

契約期間の満了による契約の終了
↓
明渡し

契約期間の満了
↓
法定更新
↓
契約続行

〔更新とは〕 賃貸借の更新は、無約期間の満了後、契約関係を更に継続させることをいいます。
　　　　　合意による更新→新たな借地契約の締結
　　　　　法　定　更　新→新たな借地契約の締結が法律上強制されること

6. 借地をめぐる登記とその効果は

★地上権の登記・賃借権の登記・借地上の建物の登記があります。

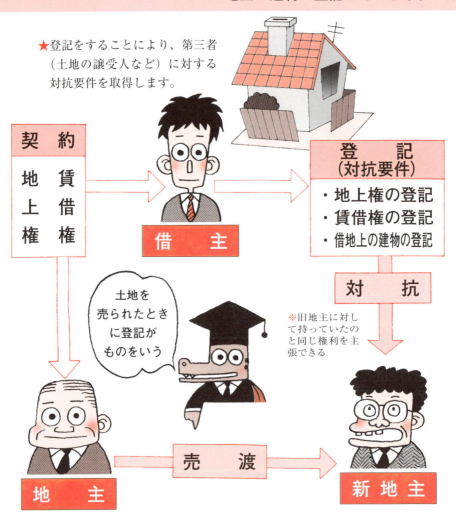

★登記をすることにより、第三者（土地の譲受人など）に対する対抗要件を取得します。

※旧地主に対して持っていたのと同じ権利を主張できる

土地を売られたときに登記がものをいう

〔不動産登記〕 一定の国家機関が、不動産登記法という法律で定められた手続きにより、一定の公の登記簿（土地登記簿・建物登記簿）に不動産の表示や権利に関する書項を記録することをいいます。
〔対抗要件〕 既に成立している権利関係を第三者に対して主張（対抗）し得るための要件を対抗要件といい、不動産の場合、登記がこれにあたります。

借地をめぐる登記の種類

▶**地上権の登記** 地上権の設定契約に基づいてなされる登記です。しかし、地上権は現在はほとんど利用されておらず、一般に地上権と呼ばれているものは賃借権の場合が多いようです。

▶土地の賃貸借の場合も、賃借権を登記することができますが、地主が登記に応じないために、これもほとんど利用されていません。

▶**借地上の建物の登記** 建物の所有を目的とする土地の賃貸借の場合、借地人が自分の借地上の建物を登記することにより、対抗要件を取得することができます（借地借家法10条）。

不動産登記は、表題(旧表示)に関する登記と権利に関する登記（所有権の保存登記など）に分かれており、表示登記が対抗要件となるかが争われたことがありますが、最高裁は表示登記でも対抗要件となるとしました（昭和50年2月13日判決）。

(例) 建物新築の場合の表題（旧表示）登記申請書

登 記 申 請 書

登記の目的　　建物表題登記
添付書類
　　申請書の写し　　建物図面　　　各階平面図　　　所有権証明書
　　住所証明書
平成２４年９月１０日申請
　　○○法務局　○○支局（出張所）
申　請　人　　○○市○○町二丁目５番６号
　　　　　　　　　　法　務　太　郎　㊞
　　　　　　　連絡先の電話番号○○－○○○－○○○○

建物の表示	不動産番号				
	所　在	○○市○○町二丁目３番地			
	家屋番号	番			
	主たる建物又は附属建物	①種　類	②構　造	③床面積 ㎡	登記原因及びその日付
		居　宅	木造かわらぶき２階建	1階 49　50　2階 49　50	平成２２年３月１日新築

＊　Ａ４の用紙使用。上記は記載例です。下に線が引かれている部分を、申請内容に応じて書き直してください。

借地をめぐる税務

★借地の収入は、不動産所得か、譲渡所得になる。

借地の収入と税金

■**権利金の収入**⇨
- その額が土地の価額の50％以下のときは不動産所得
- その額が土地の価額の50％を超えるときは譲渡所得

■**地代の収入**⇨不動産所得

■**更新料・承諾料の収入**⇨
- その額が土地の価額の50％以下のときは不動産所得
- その額が土地の価額の50％を超えるときは譲渡所得

■**無償または著しく低い対価での土地の貸与**⇨貸与を受けた人が利益を受けた金額について、贈与税の対象とされる。

〔**不動産所得**〕地代の収入など、不動産に関する収入で譲渡所得にならないものは不動産所得となります。総合課税方式による課税が行なわれ、給与等の収入がある場合、それと合算して課税額が決まります。確定申告が必要ですが、地主が会社員の場合、不動産所得が20万円以下の場合は不要です。

〔**譲渡所得**〕個人が所有している資産を譲度したことにより生じた所得のことを譲渡所得といいます。この場合の「資産」とは地上権や借地権なども含みます。
　譲渡所得は、総合課税方式が原則ですが、土地や建物の売却では分離課税方式による納付が認められていますので、十分検討して納税すべきです。

■**貸地を地主が譲渡したとき**
売買金額が譲渡所得となり、所得税が課せられます。
また、借主が借地権を譲渡したときも、譲渡所得となり課税されます。

■**貸地を地主の相続人が相続・贈与されたとき**
この場合、相続税・贈与税が課せられます。しかし、更地の場合の評価より安く、借地権のついている土地の評価額は「借地権割合」によって決まります。「借地権割合」は地域ごとに決められています。また、借主の死亡の場合にも相続財産となります。

■**固定資産税**
固定資産税は、市町村が課す地方税で、毎年1月1日現在、固定資産課税台帳に所有権者として記載されている個人や法人に課税されます。

■**立退料の収受**
1. 立退料は譲渡所得となり、必要経費（当該借地の取得費・立退きに要した費用）を差し引いた残額が課税の対象となります。
2. 立退料を支払った地主は、その費用を当該土地建物の取得費または取得価額に算入できます。

▶**不動産の賃貸借と消費税**　借地権の譲渡と貸付については、消費税は原則としての非課税とされていますが、次の場合は課税されます。
①時間や日、週その他1カ月未満の期間を単位として土地を貸し付ける場合
②駐車場等または仕切りを設けて貸付を行う場合

第1章

土地賃貸借契約の要点

借地契約は地主と賃借人との合意により成立しますが、かつては、契約書を作成しないこともあったようです。最近は、新規契約は少なく、借地権の譲渡等に伴う契約がほとんどです。

本章では、借地契約だけでなく、最近よく利用されている駐車場契約など、土地賃貸借契約の全般にわたり、契約書のサンプルを入れて、できるだけ平易に解説しました。

♣使用目的・使用期間・賃料が契約書のポイント

1. 土地賃貸借契約の種類と契約書作成の注意点

★借地借家法が適用になるかどうか
が重要なポイントです。

★建物所有を目的とするかどうかにより借地借家法が
適用されるかどうかが決まります。

1 居住用に貸す賃貸借契約

最近では、新たに地主が賃貸借契約をするケースはほとんどありません。ただし、更新のない定期借地権は、件数は少ないようですが利用されているようです。
宅地賃貸借契約書➡31ページ参照
定期借地権設定契約書➡33ページ参照

借地借家法の適用 法定更新（定期借地権は別）

2 店舗用に貸す賃貸借契約

店舗が借地上にあるというケースも多いようです。しかし、この場合も、以前からの借地であって、最近ではよほどの条件でない限り、定期借地契約以外は、借地契約に応じる地主はいないでしょう。
事業用定期借地権設定の覚書
　　　　　　　➡35ページ参照

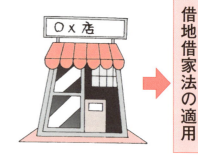

借地借家法の適用 法定更新（定期借地権は別）

3 駐車場など、建物所有の目的以外で貸す契約

・駐車場用土地賃貸借契約書
　　　　　　　➡37ページ参照
・資材置場用土地賃貸借契約書
　　　　　　　➡41ページ参照
※契約書の中で、建物の所有を目的としないことを明確にすることが大切です。

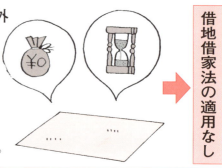

借地借家法の適用なし 法定更新なし

4 一時使用の目的で貸す土地賃貸借契約

借地権を臨時設備その他一時使用のために設定したことが明らかなときは、借地借家法の存続期間と更新の規定は適用されません（借地借家法25条）。
※借地借家法では一定期間に限って建物の所有を目的として土地を貸す（更新がない）定期借地権制度があります。

◆契約書作成の注意点

1 貸借する土地の範囲を明確にする

(例) 第○○条（目的物）
　　□□県□□市□□町□□番地
　宅地□□平方メートルのうち
　東南部分□□平方メートル
　　（別紙図面のとおり）

2 借地を何に使うのか明確にする

(例) 第○○条（目的物の用法）借地の使用目的は木造二階建ての居宅の所有とする。

3 いくら地代を払うか明確にする

(例) 第○○条（賃料）賃料は1か月金□□円とし、毎月末日限り、その翌月分を甲方に持参して支払うこと。

4 その他、契約書に定めることは

　イ 期間（いつまで貸すか）についての定め
　　　➡26ページ参照
　ロ 地上建物の増改築の制限の規定
　ハ 用法の変更等の制限の規定
　ニ 賃借権の譲渡・転貸の制限の規定
　ホ 契約違反の場合の解除の規定・など
　　　➡特約については28ページ参照

★契約書は公正証書にしておくと安全で確実です。もよりの公証役場に行けば公証人が相談に応じてくれます。

2. 契約期間はどう定められているか

★平成4年7月31日以前の契約は、堅固か、非堅固な建物を造るかで期間が異なりましたが、現在は一律です。

契約書を作るとき気をつける！

〔借地借家法の普通借地権の場合〕平成4年8月1日以後の借地契約

| 非堅固な建物を造るために貸す場合 | 区別なく → | 契約期間は30年 | 30年未満の契約 → 30年
30年以上の契約 → 定めた期間 |

※定期借地権の契約期間については14ページ参照

〔旧借地法の借地権の場合〕平成4年7月31日以前の借地契約

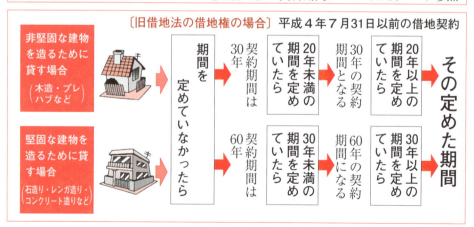

★旧借地法による契約では、堅固な建物を造ることを目的とするか、堅固でない建物を造ることを目的とするのか、について定めなかったときは、堅固でない建物を造ることを目的としたものとみなされます（3条）。
なお、新借地借家法では、この区別は廃止されました。

> 平成4年7月31日以前の契約は旧借地法が適用されますから、建替えの際の用法違反をめぐって堅固建物か非堅固建物かの争いがあります。

■堅固な建物と非堅固な建物（法定の契約期間が異なる）

	堅 固 な 建 物	非 堅 固 な 建 物
条文	石造り、れんが造り、またはこれに類するような堅固な造りの建物	その他の堅固でない建物
建物例	石造り、れんが造り、鉄骨・鉄筋コンクリート造り、ブロック造りの建物 (注)上記は、一応の例示で、具体的には下欄の判断基準に照らして決定される。	木造住宅、プレハブ住宅 (注)上記は、一応の例示で、具体的には下欄の判断基準に照らして決定される。
判断基準	建物の材料や構造から見て、耐久性・堅牢性のあるもの	左記以外のもの

■一時使用の契約

一時使用のために貸す場合

臨時設備の設置その他一時使用の場合、借地法の存続期間についての定めの適用はありません（借地法17条③、借地借家法25条）。したがって、契約期間はお互いの合意で定めることができます。

3. どのようなことを特約で定めるとよいか

★あまりに虫のいい契約を結ぼうとするのは、かえって危険です。

特約で定めたからといって必ずそのとおりの効力があるとは限りません…

★定期借地権については14ページ参照

★借地法11条は、「2条の規定、4条から8条の2までの規定、9条の2および10条の規定に反する契約条件で、借地権者に不利なものは存在しないものとして扱う」と定めていました。また、借地借家法でも「3条から8条、17条から19条までの規定に反する特約で借地権者又は転借地権者に不利なものは無効とする」と定めています。

〔例〕借地借家法に定める期間（30年）より短い期間を定めた場合、その期間は無効となり、存続期間は30年となる。

◆解除権を留保する特約

（特約例）乙（貸借人）が借地権を無断譲渡したり、借地を無断転貸した場合には、甲（賃貸人）はただちに契約を解除することができる。

このような特約を契約書で定めている例は多いようです。民法612条も同様の趣旨のことを定めていますが、格別の意味を持たないとされています（最高裁昭和28年9月25日判決）。

しかし、契約書にこうして定めておくことは、賃借人の注意を喚起する意味からも大切なことです。

◆**債務不履行による契約解除の特約**

（特約例）　乙（賃借人）に債務不履行があった場合には、借地権は当然に失なわれる。

（特約例）　乙（賃借人）が賃料を滞納した場合、直ちに借地権は消滅し、甲（賃貸人）に土地を明け渡さなければならない。

このような特約は、字句どおりに解釈すべきではなく、賃貸人は催告をせず、解除の通告（解除の意思表示）をして、借地関係を消滅させることができる旨定めたものだと解されています。つまり、催告の手間が省けるというだけで、契約違反＝解除というわけにはいきません（東京地裁・昭和34年10月17日判決）。

◆**借地期間の終了で引続き更新しない旨の特約**

借地法が廃止される前の平成4年7月31日以前に契約されている（借地関係にある）ものについては無効です。ただし、借地借家法で創設された定期借地権制度を活用すれば、更新はありません（14ページ参照）。

◆**その他の特約例**（軽微な義務違反では、解除は許されないとするものが多い）

（特約例）	バラック所有のためにのみ使用し、本建築にしない。同所に寝泊りはしない。 ※木造2階建にした事案で有効とした（最高裁・昭和31年6月26日判決）
（特約例）	賃料の支払いを1回でも怠ったときは無催告の解除ができる。 ※通常、こうした特約は無効とされている⇨64ページ参照
（特約例）	無断増改築をしたら催告を要しないで解除できる。 ※借地人の無断増改築で争いとなったが「通告の利用上相当」として無効とされた（最高裁・昭和41年4月21日判決）

◆**消費者契約法と特約**　借地契約にも消費者契約法が適用されます。地代滞納の遅延損害金（賠償額の予約）は、地代額の年14.6％までで、これを超える部分は無効です。

土地賃貸借契約書①／
建物の所有を目的とする一般の土地賃貸借契約

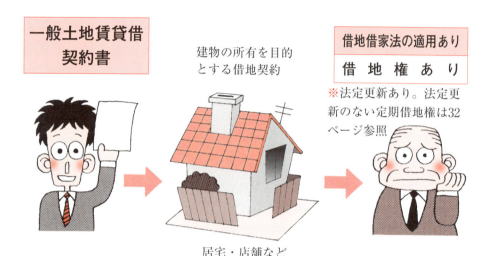

◆契約書作成上の注意点

★次ページの書式サンプルをもとに解説します。

1. 契約書の第１条により、借地借家法が適用される賃貸借となります。
2. 契約書の第３条の期間は約束できる最短期間の30年としています。
3. 契約書の第４条および第６条においては、貸主が承諾しなければ、裁判所の許可を得てこれらを行なうことができます。
4. 契約書のサンプルには、「借地を原状に復して返す」という意味の約束も書かれているようですが、借主に地上建物を収去して借地を返すことを義務づけた（地上建物の買取請求権を放棄させる）意味であれば無効です。なお、定期借地権では建物譲渡特約付でなければ、原則、買取請求がありません。
5. 宅地賃貸借のような長期間続く契約で一筆の土地の一部を貸借する場合は、とくに貸借する土地の範囲を明確にすべきです。その場合、文章だけで表現するのは専門家でも困難です。定規なしで書いた略図でもかまいません。
6. 土地を借りても、登記をしなかったり、地上の建物について所有権の登記をしないでいると、土地の所有者がこれを他に売却すると、新所有者に借地権を主張することができません。ですから土地を借りて家屋を新築した場合には、直ちに表題・保存登記をしておくことです。

■居宅の所有を目的とする土地賃貸借契約書

宅地賃貸借契約書

　貸主甲野太郎（以下甲という）と借主乙野次郎（以下乙という）とのあいだにおいて、甲所有の下記土地につき、以下の条項により賃貸借を約す。
　　　　　土地の表示
　　□県□市□町□番地ノ□
　　　宅地　□平方メートル（登記簿上）
　　　このうち、
　　　東南部分○○○平方メートル
　　　別紙図面のとおり（省略）

第1条（目的物の用法）　借地の使用目的は、木造2階建の居宅の所有とする。

第2条（賃料）　賃料は1カ月金□円也とし、毎月末日限りその翌月分を甲の指定する銀行口座に振り込んで支払うこと。

第3条（期間）　期間は本契約締結の日から向こう30年間とする。

第4条（地上建物の増改築の制限）　第1条の用法の範囲内といえども、乙が地上建物の増築、または改築を行なうときは、あらかじめ、甲の承諾を得なければならない。

第5条（用法の変更等の制限）　乙が地上建物を居住以外の目的に使用するとき、またはこれを空家とするときは、あらかじめ甲と協議の上、甲の同意を得なければならない。

第6条（賃借権の譲渡等の制限）　乙が借地権を譲渡し、または借地を転貸するときは、あらかじめ甲の承諾を得なければならない。

第7条（契約の解除）　乙がこの契約の各約定に違反したときは、甲は催告なくしてこの契約を解除することができる。
　但し、賃料については6カ月以上延滞したときに限り催告なく解除することができるものとし、6カ月分に達しないときは催告の上、解除する。
　以上のとおり契約したので、これを証するため本契約書2通を作成し、当事者各1通を保有する。

　令和□年□月□日

　　　　　　　　　　　　都道府県市区町村番地
　　　　　　　　　　　　　　貸主（甲）甲　野　太　郎　㊞
　　　　　　　　　　　　都道府県市区町村番地
　　　　　　　　　　　　　　借主（乙）乙　野　次　郎　㊞

土地賃貸借契約書②
定期借地権設定による土地賃貸借契約

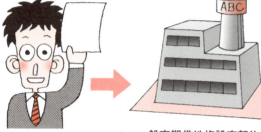

※法定更新はなく期間の満了によって契約は終了

定期借地権設定契約書 ｛
- 一般定期借地権設定契約書
- 建物譲渡特約付定期借地権設定契約書
- 事業用定期借地権設定契約書（公正証書）

◆契約書作成上の注意点

★次ページの書式サンプルをもとに解説します。

① 定期借地権は、契約期間の満了によって契約が終了し、更新のない契約制度です。（14ページ参照）。

② 33ページの一般の定期借地権は、契約期間を50年以上とする必要があり、これ未満だと定期借地権契約は無効となります。また、定期借地権では、建物の滅失による20年の延長制度を排除することができます。契約は公正証書等の書面ですることが必要です。

③ 34ページの建物譲渡特約付借地権設定契約は、契約期間満了時に、借地人が建物を買い取ることになり、契約期間は30年以上でなければなりません。建物の譲渡は、一定期日に自動的に売買が成立し地主が建物を所有する方法と、期間満了時に買取請求をすることによって地主が所有権を取得する方法とがあり、本書式例は前者です。

④ 事業用定期借地権は、事業用の目的に限り認められ、契約の更新もなく、期間満了時の建物の買取請求権も排除できる制度です。契約期間は10年以上50年未満です。

契約は公正証書によらなければならず、書式例（35ページ参照）のように、公正証書の内容となる条項を覚書という方法で書式を作成します。この覚書をもって公証役場に行き、公証人により公正証書を作成してもらいます。

■一般の定期借地権設定契約書（公正証書等の書面にする必要がある）

　　　　　　　　土地賃貸借契約書（定期借地権設定契約）

　　　　　　　都道府県市区町村番地
　　　　　　　　　賃貸人　　　　　　甲　野　太　郎
　　　　　　　都道府県市区町村番地
　　　　　　　　　貸借人　　　　　　乙　山　二　郎

　上記当事者間において、賃貸人所有の後記土地につき、乙に対して定期借地権設定のため以下のとおり契約する。

第1条（目的）　賃貸人は貸借人に対し、後記土地を堅固な建物所有の目的で賃貸し、貸借人はこれを賃借する。

第2条（期間）　①本契約の存続期間は、平成○年○月○日から向う50年とする。

②本契約の更新はしない。

③右存続期間中に建物の滅失ないし取壊しにより新たな建物を築造する場合にも、第1項の存続期間は延長しないものとする。

第3条（賃料等）　①賃料は1ヵ月当り金○○円とし、毎月末日限り翌月分を賃貸人方に持参または送金して支払う。

②賃借人は賃貸人に対し、本契約締結と同時に敷金として金○○円を差し入れる。この敷金は賃料、損害金その他、本賃貸借より生ずる賃貸人の貸借人に対する債権を担保し、契約終了時に無利息の計算にて返還されるものとする。

第4条（禁止行為）　①貸借人は第三者に対して本契約にもとづく借地権を譲渡し、または本土地の全部ないし一部を転貸してはならない。

②賃借人は本契約にもとづいて所有する建物を増築又は改築してはならない。

第5条（契約解除）　貸借人側につぎのいずれかの事由が生じたときは、賃貸人は催告なくして直ちに本契約を解除することができる。

一、3カ月分以上の賃料の支払を遅滞したとき。

二、第4条の①または②に違反したとき。

第6条（借地の返還）　①本契約が期間満了等により終了したときは、賃借人は本土地を原状に復して賃貸人に返還しなければならない。

②貸借人は賃貸人に対して建物買取請求権を有しないものとする。

　以上のとおり契約する。
　令和□年□月□日

　　　　　　　　　　　賃貸人　　　甲　野　太　郎㊞
　　　　　　　　　　　賃借人　　　乙　山　二　郎㊞

―土地の表示略―

■建物譲渡特約付定期借地権設定契約書

土地賃貸借契約書（建物譲渡特約付）

　　　　　都道府県市区町村番地
　　　　　　　　賃貸人（甲）　　甲　野　太　郎
　　　　　都道府県市区町村番地
　　　　　　　　賃借人（乙）　　乙　川　二　郎

　甲野太郎（以下、甲という）と乙川二郎（以下、乙という）との間で、甲所有の後記土地（以下、本土地という）につき、以下のとおり借地借家法第24条所定の建物譲渡付借地権設定の契約を締結する。

第1条　甲は乙に対し、建物所有の目的で本土地を賃貸し、乙はこれを賃借する。

第2条　賃料は1カ月当り金〇〇円とし、乙は毎月末日限り翌月分を甲方に持参または送金して支払う。

第3条　本契約の存続期間は30年とする。

第4条　乙が本契約にもとづき本土地上に所有する後記建物は、前条の期間が満了した時に甲に売り渡されたものとする。

第5条　前条の売買代金は金〇〇円とし、甲は乙に対し、売買の成立した日から1カ月以内にこれを支払うものとする。

第6条　甲および乙は賃料の増額または減額の請求権を有しないものとする。

第7条　乙につき次の条項の一つに該当する事由が発生したときは、甲は催告を要せず直ちに本契約を解除することができる。
　①　3カ月分以上の賃料の支払を怠ったとき。
　②　賃料の支払をしばしば遅延し、その遅延が本契約における甲と乙との信頼関係を著しく害すると認められたとき。
　③　その他、本契約に違反したとき。

第8条　公租公課その他の細目は一般賃貸借の慣例にしたがう。

　以上のとおり契約したので、本証書を2通作成し、甲乙各1通を所持する。

　令和□年□月□日

　　　　　　　　　　　　賃貸人（甲）　　甲　野　太　郎㊞
　　　　　　　　　　　　貸借人（乙）　　乙　山　二　郎㊞

　　—土地・建物の表示略—

■事業用の定期借地権を設定する覚書（公正証書を作成する）

事業用定期借地権設定覚書

　　　　　　　　　　　　　　　賃貸人（甲）　　甲　野　太　郎
　　　　　　　　　　　　　　　賃借人（乙）　　乙野興業株式会社

　甲乙間において借地借家法にもとづき、以下のとおり事業用定期借地権設定公正証書を作成し、後記土地を賃貸借することに関し合意した。

第1条　①甲は乙に対し、甲所有の後記土地を公正証書作成の上、期間10年に限り賃貸することを約した。

②前項の定期賃貸借に関する契約は、甲乙間において公正証書を作成したときに効力を生ずるものとする。

第2条　賃貸借の条件は次のとおりとする。
　1．使用目的　乙が営業する小売業店舗建物（構造・床面積は別に定める）の敷地及び同店舗用の駐車場用地。
　2．賃貸期間　公正証書作成の日から10年間とし、更新はしない。
　3．保証金　金○○万円とし、公正証書作成時に預託する。
　4．賃料　月額金○○万円とし、2年ごとに改定する。

第3条　甲の書面による承諾なくして、乙は次のことをしてはならない。
　1．借地の転貸または賃借権の譲渡。
　2．借地上の建物の現状の変更、使用目的の変更または第三者への賃貸。
　3．借地上の建物に担保権を設定すること。

第4条　乙につき次の事由が生じたときは、甲は本覚書の約定を解除することができる。
　1．乙につき手形または小切手の不渡が発生したとき。
　2．乙の資本の過半数以上が他に譲渡されたとき、または乙が他社と合併し、もしくは乙の営業の大部分を他に譲渡したとき。

第5条　賃貸借の期間が満了したとき、または賃貸借契約が解除されたときは、乙は甲に対し、借地を原状に復し、更地として返還するものとする。

第6条　①乙は甲に対し、本覚書にもとづく事業用賃貸借の申込証拠金として、金○○万円を本日預託する。

②甲乙間において公正証書による事業用賃借権設定契約が成立したときは、前項の申込金は第2条の保証金に充当するものとし、万一本覚書調印後○カ月以内に同契約が成立しなかったときは、利息を付せずに乙に返還する。

　以上のとおり甲乙間において合意したので、本覚書2通を作成し、甲乙各1通を保有する。

　　令和□年□月□日

　　　　　　　　　　　　　　賃貸人　　　　　甲　野　太　郎㊞
　　　　　　　　　　　　　　賃借人　乙野興業株式会社
　　　　　　　　　　　　　　　　代表取締役　乙　野　二　郎㊞

―土地の表示略―

土地賃貸借契約書 ③
駐車場に使用する場合の土地賃貸借契約

◆契約書作成上の注意点

★次ページの書式サンプルをもとに解説します。

1. 目的物の用法が、借主の建物の敷地でない場合と、建物の敷地ではあっても一時使用の場合には、特にその記載方法に注意しなければなりません。書式では「露天」とうたうことにより、建物の所有をともなわないことを断わっています。

2. この契約には借地借家法が適用されません。ただし、地価・物価が値上がりしても、貸主が一方的に地代の値上げをすることができません。その不都合を避けるには、

　㋑貸借期間を短期にして、契約のつど新地代を定める。

　㋺貸借期間が長期の場合には、第2条に「ただし、賃料額については毎年□月末日までに、その翌月分以降の額について合意する」という約定を加えておけばよいでしょう。

3. 第8条で「最終約定賃料」としてあるのは、契約更新などで賃料だけが変更される場合を予測したものです。

　なお、遅延損害金の利率は、消費者契約法9条2項の年14.6パーセントを超える部分は無効（判例）とされていますが、明渡し遅延の場合、2倍について有効とする判例もあり、最高裁の判断待ちというところです。

■駐車場に使用する場合の土地賃貸借契約書

土地賃貸借契約書

　　　　　　　　　　都道府県市区町村番地
　　　　　　　　　　　　　貸主（甲）甲　野　太　郎　㊞
　　　　　　　　　　都道府県市区町村番地
　　　　　　　　　　　　　借主（乙）乙　野　次　郎　㊞

第1条　甲は乙に対して、甲所有にかかる後記土地を、つぎの用法にて使用させることを約す。
　　　　目的物の用法・露天自家用自動車置場
第2条　乙は甲に対し、賃料として1ヵ月金□円也を、毎月末日限り甲の住所に持参して支払うことを約す。
第3条　賃貸借の期間はこの契約締結の日から□年□月□日までとする。
第4条　第1条に約定する乙の借地使用のためのコンクリート敷設、流水溝の構設その他一切の工事およびその保存は、乙が自らの費用負担において行なう。
第5条　乙が借地を返還すべきときは、その使用時の状態においてこれを甲に引き渡すこととし、乙が借地に付属せしめた物に残存価値あるときも、乙は甲に対してその代償金を請求しない。
第6条　乙はこの契約にもとづく賃借権を譲渡し、または借地を転貸してはならない。
第7条　乙が甲の承諾なく第1条に定める借地の用法を変更したとき、賃料の支払いを2カ月分以上延滞したとき、および前条に違反したときは、甲は催告をしないでこの契約を解除することができる。
第8条　乙が甲に対して借地を返還すべきにもかかわらずこれを遅延したときは、これを返還するまで、甲は乙に対して、最終約定賃料額の○.○倍に相当する損害金を請求することができる。

　　令和□年□月□日
　　　　　　　　　　　　　　　（甲）甲　野　太　郎　㊞
　　　　　　　　　　　　　　　（乙）乙　野　次　郎　㊞

　　目的物の表示
□県□市□町□番地ノ□
1．宅地□平方メートルのうち、
1．東南部□平方メートル（別添図面のとおり）—省略—

土地賃貸借契約書 ④
土地を地主が駐車場にして使用させる契約

土地賃貸借契約書

土地の一部を駐車場として使用することを目的とする

借地借家法の適用なし
借地権なし

◆契約書作成上の注意点

★次ページの書式サンプルをもとに解説します。

① 駐車場所の指定は図面上指示し、図面を添付する場合もあります。

② 使用料の送金先銀行を明示して記載しておくという方法も便利です。

　株式会社□□銀行□□支店普通預金口座
　口座番号　□□□番
　口座名　甲野太郎（コウノタロウ）

のように記載します。

③ 期間は、「一年間」というように定めず、最終の期日を令和□年□月□日と明示する方が確実です。

④ 駐車場使用契約は自動延長する規定をおかない方が貸主に有利ですが、それをはっきりさせるため、自動延長しないぞ、とことわっておくのもよい方法で、借主側を期間満了と同時に追い出すのに便利です（第3条）。

■土地の一区画を駐車場に使用することを目的とする賃貸借契約書

駐車場使用契約書

都道府県市区町村番地
　　貸主（甲）甲　野　太　郎
都道府県市区町村番地
　　借主（乙）乙　野　次　郎

第1条　乙の駐車する場所及び車種
　①後記土地のうち甲の指定する所
　②小型四輪乗用車　練馬□□□□

第2条　使用条件
　①使用料　月額金〇〇円として前月末日までに甲指定銀行に送金する。
　②期　間　令和□年□月□日より令和□年□月□日まで1箇年とする。
　③解　除　使用料の支払を1回でも遅滞したときは無催告にて解除できる。

第3条　本契約は自動延長または自動更新せず、新たに使用契約書に調印されない場合は、乙は無条件にて使用を終了する。

　　契約書作成通数　2通

　令和□年□目□日

　　　　　　　　　　　貸主（甲）甲　野　太　郎　㊞
　　　　　　　　　　　借主（乙）乙　野　次　郎　㊞

土地の表示
所　在　□区□町□丁目
地　番　□番
地　目　宅地
地　積　□□・□□平方米のうち東北側番号を□□号にて表示した所

以上

土地賃貸借契約書⑤
資材置場に使用する土地賃貸借契約

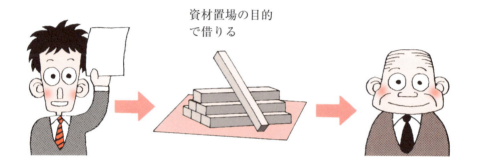

◆契約書作成上の注意点

★次ページの書式サンプルをもとに解説します。

1 第1条の約束で、使用目的が建物所有でないことになれば、第3条以下はどのように定めようと、原則として、契約当事者の自由で、約束したとおりの権利、義務が発生します。

2 使用目的の記載で、ときどきみかける初歩的な誤りとしては、ウソの約束を記載することです。ほんとうの約束では、建物を建ててもよいことになっているのに、契約書上ではこれを禁止している場合です。

そして、貸主がその土地を返してもらう必要が生じたときに、「建物は借主が契約に違反して勝手に建てたものだ」と主張するのです。

もちろん、契約書にどのようなことを書こうと、契約はほんとうの約束を内容として成立してしまいますから、とくに土地の用法のような場合、ウソは有害無益です。

■**資材置場に貸す場合の土地賃貸借契約書**

土地賃貸借契約書

　貸主を甲野太郎（以下甲という）、借主を乙野次郎（以下乙という）として、甲所有の下記土地につき、以下の条項により賃貸借の契約をする。

第1条　乙は下記土地を砂利、砂等の建設資材置場として使用し、建物は一切構設しない。

第2条　地代は1カ月金□円とし、乙が甲に対して、毎月末日限りその翌月分を甲指定の銀行口座に振り込んで支払う。

第3条　期間は平成□□年□月末日までとする。

第4条　乙が甲に無断で第1条に定める土地の用法を変更したとき、または、第2条の地代の支払いを2カ月分以上延滞したときは、甲は催告をしないでこの契約を解除することができる。

第5条　乙が借地に施した上下水道等の工作物は、直ちに甲の所有に帰属するものとする。但し、乙はそれらの棒設、改良、修繕等の費用について甲にその支払いを請求しない。

第6条　乙が甲に対して借地を返還すべきにもかかわらずこれを怠ったときは、これを返還するまで、甲は乙に対して、最終約定賃料額の○.○倍に相当する損害金を請求することができる。

以上のとおり契約し、当事者記名押印する。
本契約書2通作成し、甲乙各自1通を保有する。

　　令和□年□月□日

　　　　　　　　　　　　　　都道府県市区町村番地
　　　　　　　　　　　　　　　　貸主　甲　野　太　郎　㊞
　　　　　　　　　　　　　　都道府県市区町村番地
　　　　　　　　　　　　　　　　借主　乙　野　次　郎　㊞

　　賃貸借する土地の表示
　　所在　□県□市□町□□
　　番地　□番
　　地目　宅地
　　地積　□□平方メートル
　　（上記のうち別添図面の斜線部分□□平方メートル）　―省略―

土地賃貸借契約書⑥

仮設建物設置のための土地賃貸借契約

（一時使用）
組立式仮設建物
設置の目的

借地借家法の適用はあるが

一時使用の場合、借地借家法の存続期間や更新の定めが適用されません。

◆契約書作成上の注意点

★次ページの書式サンプルをもとに解説します。

1　もっとも重要なのは第１条の借地の用法の約定です。ていさいをあまり気にせずに、なるべく詳しく書くべきでしょう。

2　第３条の期間の約束をぜんぜんしない場合でも解約申し入れによって契約を終わらせることができますが、とくに約束しないと契約の終了は解約申し入れの１年後になりますので、一時使用の場合は、これを短縮する約束をしておくべきでしょう。

3　第３条の期間については、とくに借主側は「工事完了まで」という不確定期限を要求すべきです。「何カ月間」、「□年□月□日まで」というかたちですと、その期間内に工事が終了しないと不利な立場におかれ、工事の終了が早すぎると、賃料を損します。

4　期間を短くすれば、一時使用の賃貸借、と考えるのは誤りです。建物の敷地の貸借で、期間以外にも臨時の使用であることが明記されていない貸借は、すべて永久の借地権が生ずる貸借だと考えてください。

■仮設建物(一時使用)に使用する場合の土地賃貸借契約書

土地一時使用賃貸借契約書

　　　　　　　　　　　都道府県市区町村番地
　　　　　　　　　　　　　　貸主　甲　野　太　郎
　　　　　　　　　　　都道府県市区町村番地
　　　　　　　　　　　　借主　乙野建設株式会社
　　　　　　　　　　　　　　代表取締役　乙　野　次　郎

　上記当事者間において、貸主所有の下記土地の一時使用のため、以下のとおり賃貸借を契約する。

第1条(借地の用法)　借主は借地に隣接する□町□番地□□マンション建築工事晴負人であるところ、上記工事期間中、工事人夫の宿舎および工事道具類収納小屋の組み立て式仮設建物設置のため、借地を使用する。

第2条(賃料)　賃料は1カ月につき3.3平方メートル当たり金□円也とし、3カ月分宛前払いとする。

第3条(期間)　契約期間は第1条の工事完了までとする。
　　但し、当該工事が中止または中断されたとき、またはこの契約締結後1年を経過するも完了しないときは、貸主はこの契約を解約することができる。この場合、借主は解約の通告を受けた後15日以内に借地を返還しなければならない。

第4条(契約の解除)　乙が第1条の用法と異なる用法で借地を使用したときおよび第2条の約定に違反したときは、甲は催告せずにこの契約を解除することができる。

第5条(損害金)　乙が借地を返還すべきにもかかわらずこれを遅滞したときは、これを返還するまで、甲は第2条の賃料額の1.5倍に相当する損害金の支払いを求めることかできる

　　　　　目的土地の表示　(略)

　　令和□年□月□日

　　　　　　　　　　　　　　　貸主　甲　野　太　郎　㊞
　　　　　　　　　　　　　　　借主　乙野建設株式会社
　　　　　　　　　　　　　　代表取締役　乙　野　次　郎　㊞

ポイント

土地賃貸借の要点

①契約前に調査すべき要点

- ㋑ 土地の現状は更地かどうか、もし使用者がある場合、ただちに立ち退くかどうか。
- ㋺ 土地の面積を実測し貸主のいう面積と一致しているかどうか。
- ㋩ 隣地との境界に争いがないかどうか。土地に接している道路は私道か公道か。私道とすれば、これを使用する権利が明確かどうか。
- ㋥ 都市計画はどうなっているか。将来区画整理で変更されることがないかどうか。
- ㋭ 土地の使用目的（住宅、工場の建築・動力の設置など）につき建築法規・工場保安法規・衛生法規などからどんな制限があるか。
- ㋬ 貸主は所有権者か借地権者か。登記簿上の記載があるか。借地権者とすれば適法に転貸することを地主から許されているか。
- ㋣ 土地に借地権者や抵当権者がいるかどうか。登記簿上記載がないかどうか。
- ㋠ 賃借人の職業、資産、信用程度、人柄などはどうか。また、将来長い期間にわたって、誠実に約束を守ってくれるかどうか。

②契約書記載事項の要点（建物所有の目的）

- ㋑ 目的土地の表示面積は実測か地積かを明らかにする。
- ㋺ 借地権の存続期間。借地借家法による存続期間は30年以上。これ以上の期間を定めても30年に短縮。ただし、通常は契約更新される。
- ㋩ 土地使用上の注意義務および原状変更に関する事項。
- ㋥ 土地の維持改良に関する事項およびその費用負担に関する事項（石垣設置・排水施設など）。
- ㋭ 私道使用に関する事項。
- ㋬ 賃料の増額または減額に関する事項（ただし、一定期間増額しない特約は許されるが、減額しない特約をしても法律上無効）。
- ㋣ 契約の更新に関する事項（ただし、貸主は正当な事由がなければ、更新を拒むことができず、事由のいかんにかかわらず、更新しないと約束しても法律上は無効）。
- ㋠ 借地権の譲渡または転貸に関する事項（禁止するのが通常で、禁止に反して譲渡転貸した場合も、譲受人の請求があれば、地上建物を買取らなければならない。禁止に違反し無条件で建物を収去し土地を明渡すと約束しても無効）。
- ㋷ 貸主または借主が契約条項に違反の場合の制裁として損害賠償・違約金・契約解除に関する事項。
- ㋜ 賃貸借の終了事由に関する事項。
- ㋕ 終了後の明渡および明渡遅延にもとづく損害賠償に関する事項。
- ㋻ 保証人に関する事項。
- ㋺ その他の特約事項。

第2章

借地期間中の地主と借地人のトラブル

本章では、平成4年7月31日以前の借地契約を中心に借地期間中に起きるさまざまな問題を判例をもとに解説しました。周知のとおり借地をめぐる紛争は、個々のケースによって事情が異なり、「この場合にはこうなる」といった断言をすることができません。しかし、紛争解決の一応の指針にはなるはずです。

※本章で「借地法の適用」とあるものは、平成4年8月1日以降の契約では「借地借家法の適用」となります。

♣紛争予防に・紛争解決に役に立ちます…

1. トラブルにはどんなケースがあるか

★無用なトラブルを起こさないよう注意することが大切です。

トラブルを類別するとこんなふうになります…

用法違反

※平成4年7月31日以前の契約

木造家屋を建てる目的で土地を借りながら、鉄筋のビルを建てた場合など

無断増改築

建物の増改築禁止の特約に違反して平屋の建物を無断で2階建てに建て増したような場合

金銭トラブル

・地代の滞納の場合
・更新料の支払の約束がある場合の不払いの場合

地代の滞納は、その期間・それまでの支払状況などによって、契約解除できるかどうかの解釈が変わってきます。一回や二回程度の地代の滞納では、地主は契約解除をすることはできないと思われますが、滞納が数回に及び地主と借地人との信頼関係を破る程度になれば契約解除ができます。

地主の交代

法律上は新地主になっても借地人の権利には何ら影響はありませんが（最低限、建物登記は必要）、地代値上げを要求してくる場合もあります。

借地権の無断譲渡・転貸

借地人が地主の承諾なしに、借地を譲渡・転貸した場合、原則として契約違反となり契約を解除されても仕方がありません。

更新拒絶

地主が契約の満了をもって、借地人に契約更新の拒絶をしてきた場合、正当事由の有無が問題となります。正当事由がある場合には、借地人は立ち退かなければなりませんが、どういう場合に正当事由が認められるかはケース・バイ・ケースです。
⇒詳細は第4章参照

建物買取請求

借地を明渡す場合に、借地人は建物の買収を請求できます。その際に、金額でトラブルとなることがあります。
⇒詳細は108ページ以下参照

〔紛争解決手続〕借地のトラブル解決の法的手段には、訴訟・民事調停などがありますが、借地非訟事件手続きで迅速に解決できる場合があります。これは、借地条件の変更や借地権の譲渡などで地主が許可をしない場合に、裁判所が地主に代わって許可をするというものです（150ページ参照）。

2. 借地借家法・借地法の適用をめぐる問題点

★契約で建物所有の目的であるか否か明確にしておくことが大切です。

「借地借家法・(旧)借地法は借地人を保護する色彩の強い法律である したがって…」

建物所有の目的の場合には借地借家法・借地法の適用があり、建物所有の目的でない場合には借地借家法・借地法の適用はありません。

借地法・借地借家法が適用になると…

※更新などの規定が適用になり…

正当事由 なし → 更新

※地主は正当事由がなければ更新を拒絶できません。しかし、正当事由はなかなか認められないのが実情です。

※定期借地契約は更新がない

正当事由 あり → 明渡し

明渡してもらうことは大変困難となる

■ 建物所有を目的としない土地賃貸借契約でも要注意！

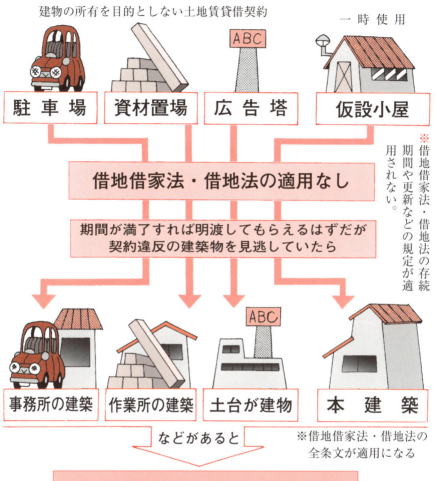

借地借家法・借地法の適用をめぐる問題 ①
無償で貸した場合はどうなるか

★無償(タダ)で土地を自由に使っていいという約束で貸したが…

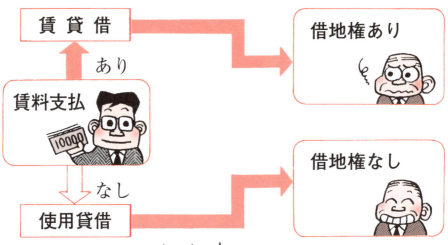

タダで物を借りる場合を使用貸借といい(民法593条)、賃貸借とは別の契約であって借地法の適用はありません。ただし、本当は地代をもらっているのに、契約上は使用貸借としているのでは、借地借家法・借地法の適用があります。また、謝礼程度以上のものを決まって受け取っていると借地借家法・借地法が適用になる可能性があります。

不動産とくに土地の使用貸借は親族関係のような特殊関係のある場合にしかみられないようです。

借地借家法・借地法の適用をめぐる問題②
一時使用の場合はどうなるか

★建築工事のための作業員の仮宿舎として 3年の約束で貸したが…

一時使用には借地借家法・借地法の適用があるが…

臨時設備その他一時使用のために借地権を設定したことが明らかな場合は、借地権の規定のうち存続期間や更新などの重要な規定が適用されません。しかし…、見逃していると借地借家法・借地法の全部が適用されることがあります。
このような場合には、直ちに異議を述べ契約解除などの方策を検討すべきです。

契約書で一時使用であることを明確に定め、また、存続期間、目的物についても一時使用であることがはっきりするようにしておくことが大切です。契約書に一時使用としても、一時使用とするだけの合理的な事情がなければ一時使用とは認められません。
契約書のサンプル⇨41・43ページ参照

借地借家法・借地法の適用をめぐる問題 ③
荷物置場に貸したら小屋ができた

運送店に荷物置場として貸した土地に物置小屋ができた

荷物置場には、借地法の適用はありません。また、この土地に建物を造っても建物の所有を目的として土地を貸したのではないのですから借地借家法・借地法が適用になるとは考えられません。
しかし、放っておくと、「建物を造ることに同意したではないか」といった争いが起きたりする可能性はあります。

既成事実の積み重ねを見過ごすと、賃借人が借地借家法・借地法の保護を受けられるようになる恐れがあります。このような建物を見つけたら、すぐに異議を述べ、賃借人がそれに応じないときは法的手段に訴えることを検討してください。

借地借家法・借地法の適用をめぐる問題 4

ゴルフ練習場に事務所ができた

★ゴルフ練習場に使うということで土地を貸したが…

借地借家法・借地法が適用になる建物かどうかは、建物についての社会通念と借地借家法・借地法上保護を与えることが適当かどうかという観点から判断されます。

ゴルフ練習場で借りた2000坪の土地の一部に事務所・住宅用の建物（28坪）を作った事案で、裁判所は「建物を築造することは、借地使用の主たる目的ではなく、その従たる目的にすぎない」として、借地法の適用がないとしました。
この種のトラブルは、契約で明確に建て物を作ることを禁止していないことにより、起こるケースが多いようです。

【参照判例】 最高裁・昭和42年12月5日判決

借地借家法・借地法の適用をめぐる問題 ⑤
広告塔は建物として認められるか

土台がコンクリートで高さ30mの鉄骨を組んだネオンサインの広告塔を作った

下に自動モーター室がある

この広告塔に借地法の適用があるかが問題

塔そのものは建物ではありませんが、このような大規模な建築物や、屋根付きの部屋などがあると、建物とみなされて借地借家法・借地法の適用を受ける場合があります。

コンクリートの土台（4間半四方・約6m）の上に、約30mの鉄骨を組み、周囲に鉄柵を張り、ネオンサインを付け、下に自動モーター室がある事案で、裁判所は借地法の適用があるとしました。借地法の目的は建物内での人の生活・営業を保護することにあるので、こういった種類の建造物を「建物」とみなすことには異論もあります。
このようなトラブルを避けるには、どういう広告塔を造るのか契約で明確に定めることが大切です。

【参照判例】東京地裁・昭和36年12月4日判決

借地借家法・借地法の適用をめぐる問題 ⑥
国有地を借りたときはどうなるか

★普通財産にあたる国有地が貸付けられたが…

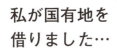

☆国有財産の普通財産の貸付期間

国有財産法21条で、土地を公の目的のために使う必要が生じたときは、国の方から契約を解除することができるとしています。
判例は、国有財産法に特別の規定があれば、借地法は通用されないとしているが、具体的な適用範囲をめぐっては考え方が分かれているようです。

同種の事案で、「普通財産である土地の、建物の所有を目的とする貸付けには、まず、同法（国有財産法）が適用されるが、これに規定のある事項を除いては借地法が適用されるものと解すべきである」として、借地法の適用も認めました。
【参照判例】東京地裁・昭和55年1月30日判決

3. 借地条件違反をめぐる問題点

★貸主（地主）に著しい不利益をもたらす場合は契約解除の原因になります。

用法違反

契約に定める借地条件に違反する建物を作った場合

1. 堅固な建物を造る目的 → 非堅固な建物を建築

2. 非堅固な建物を造る目的 → 堅固な建物を建築

3. 住宅を造る目的 → 店舗を建築

4. 一時使用のバラック建てを造る目的 → 本建築を建築

→ 用法違反

※借地借家法（平成4年8月1日施行）では堅固・非堅固の区別はありません。

※用法違反にならなくても、更新拒絶の正当事由の判断で考慮されることがある。

（借地条件の変更の許可）
借地借家法17条① 建物の種類、構造、規模又は用途を制限する旨の借地条件がある場合において、法令による土地利用の規制の変更、付近の土地の利用状況の変化その他の事情の変更により現に借地権の設定するにおいてはその借地条件と異なる建物の所有を目的とすることが相当であるにもかかわらず、借地条件の変更につき当事者間に協議が調わないときは、裁判所は、当事者の申立により、その借地条件を変更することができる。

〔借地条件違反とは〕

借地条件違反とは、契約に定める借地条件に違反する建物を建てた場合（用法違反）などをいいます。借地契約をするにあたって、借地をどのような目的に使用するかで、以下のようなことが契約で定められることがあります。

① 住居か、店舗か、工場か
② 本建築か、一時使用目的なのか
③ 堅固な建物か、非堅固な建物か（契約で定めなかったときは、旧借地法では非堅固な建物を作る目的とみなされる。借地借家法ではこの区別はない）

なお、借地人がこの契約の定めに違反した場合、地主は契約解除ができるかどうかですが、貸主に著しい不利益をもたらさなければ、契約解除はできないとされています。

☆借地非訟事件手続　借地条件変更・増改築など、一定の場合には裁判所が許可をすることができます（地主の承諾に代わる裁判所の許可（150ページ参照）。

用法をめぐる問題 ①

建物を耐火構造にしたとき

★非堅固な建物が約束なのに堅固な建物にかえた…

裁判所は、類似の事例で、「建築基準法の規定によって耐火構造にしたとしても用法違反には当たらない」としています。

【参照判例】東京高裁・昭和29年10月25日判決

用法をめぐる問題 2

用法違反なので工事を中止したい

★契約で建物の構造・種類を定めなかったところ、鉄筋の建物を造りはじめた…

建物の構造・種類を定めなかったときは非堅固な建物（木造など）の所有を目的とするものとみなされます（借地法3条）。借地借家法では堅固・非堅固の区別はありません。

→ 用法違反

用法違反で契約解除をすることができます。また進行中の工事については即刻異議を述べ、工事中止を申入れるべきです。これが聞き入れられないときは、用法違反を理由として土地明渡し、および工事中止の仮処分などの法的手段をとることになります。

これを地主がそのまま放っておくと、後で異議を述べても、建物があるという既成事実のため地主に不利となるおそれもあります。

▶工事差止の仮処分などの法律的な手続きは専門家に依頼したほうがよい。

用法をめぐる問題3

堅固なヘイを作ると用法違反になるか

★ヘイを作りたいがどんな立派なヘイでもよいのか…

門、ヘイ、防火施設などを「土地の附属物」といいます。

借地上に附属物を造ることは原則として自由です。また、それらは、明渡し時に建物買取請求の対象となります。
⇨買取請求は110頁参照

例えば鉄筋入りのブロックベイ

用法違反にならず

ただし、借地の敷地の範囲を超えたりするなど権限のないものを造ることはできません。ヘイの設置については、民法に囲障設置権の規定がありますので参照してください（民法225条）。

こんなことをしてはダメですよ！

用法をめぐる問題 4

用法を変更し鉄筋のマンションを建てたい

★無断で建てかえると用法違反になる。地主は承諾してくれない…

借地上の木造建物を鉄筋造のマンションにするには地主の承諾が必要だが…

借地人と地主が合意すれば、その権利の割合に応じて、借地権と底地の所有権を交換することができます。等価で交換すると税務上のメリットもあり、かなり利用されているようです。
話が具体化しそうだったら専門家に頼んだほうがよいでしょう。

そこで、お互のメリットを考えて…

等価交換

アパートが建てられる！

借地権と底地権を等価交換する場合は、どういう割合で借地を分けるかが最大の問題点です。借地権割合は6割〜8割だからそれによるべきだという考えもありますが、地主を説得できる線は半分ずつというところでしょうか。

4. 地代の値上げ・値下げの問題点

★話合いがつかず、地主が地代の受領を拒否すれば、借地人は供託すればよい。

新しい借地借家法の施行で、地代紛争でいきなり裁判は起こせず、必ず調停を経なければならないという調停前置主義がとられました。

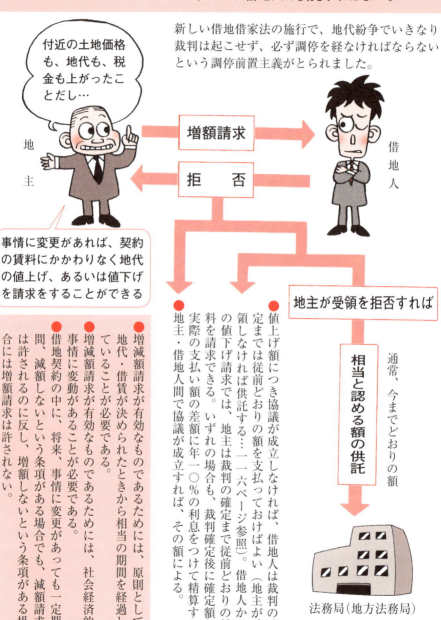

（地主の吹き出し）付近の土地価格も、地代も、税金も上がったことだし…

地主 → 増額請求 → 借地人
借地人 → 拒否 → 地主

事情に変更があれば、契約の賃料にかかわりなく地代の値上げ、あるいは値下げを請求することができる

地主が受領を拒否すれば → 相当と認める額の供託 → 法務局（地方法務局）

通常、今までどおりの額

● 値上げ額につき協議が成立しなければ、借地人は裁判の確定までは従前どおりの額を支払っておけばよい（地主が受領しなければ供託する…一一六ページ参照）。借地人からの値下げ請求では、地主は裁判の確定まで従前どおりの賃料を請求できる。いずれの場合も、裁判確定後に確定額と実際の支払額の差額に年一〇％の利息をつけて精算する。

● 地主・借地人間で協議が成立すれば、その額による。

● 増減額請求が有効なものであるためには、原則として地代・借賃が決められたときから相当の期間を経過していることが必要である。

● 増減額請求が有効なものであるためには、事情に変動があることが必要である。

● 借地契約の中に、将来、事情に変動があっても一定期間、減額しないという条項がある場合でも、減額請求は許されるのに反し、増額しないという条項がある場合には増額請求は許されない。

地代改定についてのお願い

　貴殿に賃貸している下記表示の土地の賃料については、去る令和□年□月□日より現在まで据置きとなっておりますが、御承知のとおり、固定資産税・都市計画税も増額され、一方近隣の地代に比べましても格安となっております。つきましては、下記のとおり改定させて頂きたく、お願いかたがた御通知申し上げます。

　　令和□年□月□日

　　　　　　　　　　　　　　　氏　　　名

　　　　　　　　　　　　殿

　　物件の表示
　　　記
　　1．現在の地代月額　　　　　円（3.3平方メートル当り　　　円也）
　　2．改定地代月額　　　　　　円（3.3平方メートル当り　　　円也）
　　3．改定時期　平成　年　月　日分以降

〔地代の変更〕社会状況の変化に応じて、地代の増減を調節し不公平を是正する必要があります。地代の増減の判断は難しいですが、①最初の地代に地価の上昇率を乗じたものと比較すべき、②地価から借地権価格を差し引いて底地価格を出し、それに利子率を乗じて比較すべき、とする判例などがあります。

地代をめぐる問題 ①

地代の支払いが滞っているが

★地代の支払いが滞っているので契約解除したい…

※契約の解除は、賃借人の状況を総合的に判断してなされるので、賃料不払いの一つだけをとって契約を解除するには、よほど悪質なもの（信頼関係の破壊）でなければなりません。たとえば、不払いが半年以上にわたって続いている場合には、通常、信頼関係が破壊（契約の存続を維持できないような事情）されていると認められるでしょう。最終的には裁判所の判断となります。

1回でも地代の滞納をしたら契約解除できるという特約がある場合

このような特約がある場合でも、即座に解除はできないでしょう。この特約は、催告を要せず解除の通知ができることを定めたものと解釈されています（判例）。解除の通知には何ら効力はありませんので、借地人が明渡しを拒否すれば、契約違反で争わなければなりません。
もちろん、借地人が自発的に特約どおりに明け渡すというのなら話は別です。

地代をめぐる問題②

地主が変わり値上げを要求してきた

★値上げしなくてもいいじゃないか…

★借地上の建物を登記してあれば、旧地主のときと同じ権利を主張でき、新地主の値上げ請求にも応じる必要はありません（借地借家法10条、旧建物保護法１条）。
地代の値上げは、事情の変更があった場合は認められますが、新地主になったことはこの事情の変更にはあたりません。
この時、一時金を要求してくることがあっても、これに応じる必要は、勿論ありません。
★地代値上げ（または値下げ）に際して、その金額が当事者（地主と借地人）の話合いでまとまらない場合、まず調停の申立てをすることになっています（民事調停法24条の２）。調停がまとまらない場合に初めて、裁判ができるのです。なお、新しい地代が決まるまでは、相当とされる地代を借地人は支払えばよいことになっています。

地代をめぐる問題 3
急に地代を2倍にすると言われた

地代をめぐる問題 4

借地人が車庫を作ったので値上げしたい

★無断増築を借地人がした…

1 借地人が無断建築をしたので、契約違反を理由に明渡しを請求したいが、車庫程度では裁判をしても認められそうもない。

2 そこで、一時金を取るか、地代を増額するかしたい。

一時金は拒否されてしまえばそれまでなのですが、地代増額は認められる可能性があります。それは、借地の利用効率が増改築によって増大するからです。

5. 無断増改築をめぐる問題点

★増改築禁止の特約がある場合と
そうでない場合とで異なります。

★無断で増改築を行なうと…
借地には、地上権によるものと賃借権によるものとがあり、地上権の場合は増改築は自由にできる。

〔増改築のトラブルと解決法〕

契約に当って、借地上の建物を増改築するに際しては、地主の承諾を必要とする取り決めをするのが一般的です。借地人がこの取り決めに反して、地主に無断で建物の増改築をすると、地主は借地契約を解除することができます。しかし、これも建物に簡単な手を加える程度の軽微な違反では無理です。

借地法8条ノ2②は、「借地上の建物について増築や改築を制限する特約がある場合であっても、その土地の通常の利用上許されて当然であるような増改築は、当事者の話合がつかないときは裁判所が地主側の承諾に代わる許可を与えることができる」としています。

この許可に当って、裁判所は借地条件を変更したり、一定の財産上の給付を命じたり、その他妥当と思われる付随的処分をすることができます（8条ノ2③）。また、裁判所は借地期間の残存期間、土地の状況、借地に関する従前の経過など一切の事情を考慮して判断をします（8条ノ2⑤）。

また、現行の借地借家法においても17条などに同種の規定を置き、7条・8条・18条では建物の滅失の場合の再築について規定しています。

契約書で禁止しておけばよかったのに…

→ その増改築が地主にとってよほどマイナスにならなければ、増改築は原則として自由。

→ 契約違反として契約解除の原因となる。しかし、裁判所は軽微な違反についてまで契約解除を認めるものではない。 → 契約違反となると → 契約解除

増改築禁止の特約があれば、必ず地主の承諾をとるようにしてください。もし、承諾してもらえないときは、「地主の承諾に代わる裁判所の許可」を得てから増改築してください（150ページ参照）。

増改築の問題 ①
増改築で地主の承諾は必要か

★木造住宅が建っていたのに…

木造（非堅固な建物）が鉄筋（堅固な建物）に変わった訳ですから、この場合、増改築禁止の特約があれば、特約違反として契約解除をすることができます。
なお、借地借家法では堅固・非堅固の区別はありません。

本ケースでは用法違反として契約解除もできますが、増改築禁止の特約がない限り、なかなか無断増改築による契約解除は認められません。承諾料のこともありますので、特約をしておくと地主には有利です。

増改築の問題 2

木造建物を鉄筋のマンションにしたい

★地主の承諾がないと鉄筋のマンションは無理…

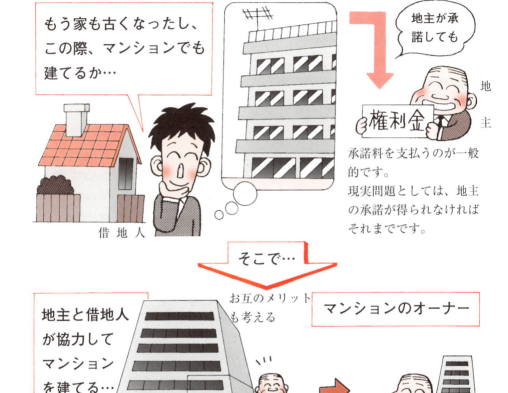

このような方法をとるときは、難しい問題がありますので専門家に相談してください。

法律的には、借地人の申入れを地主が承諾しなければマンションは建ちませんが、土地の有効活用からお互のメリットを考えて話合うのもよいでしょう。

増改築の問題 ③
増改築禁止の特約があるのに改築した

★増改築禁止の特約あり…

契約時に増改築や大修繕を禁止する特約を結んでいたが、平屋を取り壊して2階建ての家を建てた。

特約に違反して無断増改築をすると、地主は借地契約を解除することができます（違反の程度が軽微な場合は別）。

【参照判例】東京地裁・昭和28年8月24日判決

増改築の問題 4

当面の住居にバラックを建て後で本建築にすると

★特約があったが…

- 「無断で現在の建物に増減変更を加えた場合は契約を解除する」という特約

- その土地にまずバラックを建て（戦後すぐ）、ついで2階建の本建築にした
- それを特約違反として地主が立退請求、訴訟に

裁判所は、契約成立当時、当時者間に暗黙のうちに予想され了解されていた建物は、借地人の地位、職業にふさわしい住宅用家屋であって、当初建てられたバラックが賃貸借期間中の対象家屋とはいえないとして明渡しを認めませんでした。

【参照判例】東京地裁・昭和31年7月6日判決

6. 借地権の譲渡・借地の転貸の問題点

★地主の承諾が得られなければ、裁判所に「地主の承諾に代わる許可の裁判」の申立てを。

★借地権（賃借権）を譲渡・転貸する場合は、地主の承諾が必要です。

借 地 権

地主が承諾した場合

地主の承諾が必要

◆借地権の譲渡とは

借地権そのものを譲渡することですが、借地上の建物を譲渡（売買）したときには、借地権は従たる権利として建物と共に譲渡されることになります。

◆借地の転貸とは

借地人が借地を更に第三者に貸すことをいいます。借地上の建物を貸す場合は、建物の賃貸であって、借地の転貸ではありません。

第三者への譲渡・転貸

〔地上権の譲渡・転貸〕地上権の譲渡・転貸は自由です。これは賃借権（一般の借地）が債権であるのに対して、地上権は物権という強い権利だからです。

地主が承諾しない場合

借地権の譲渡

↓

地主の承諾が必要

↓

拒　否

↓

地主の承諾に代わる許可の裁判の申立て

↓

裁　判　所

↓

許　可

許可のための要件は

①土地賃借権が存在すること
②借地人が所有する借地上の建物が存在すること
③借地人が地上の建物を第三者に譲渡しようとする場合であること。また、建物とともに借地権も譲渡または転貸しようとする場合であること。
④賃貸人の承諾がないこと
⑤賃貸人に不利となるおそれがないこと
⑥一切の事情を考慮して許可をすることが妥当な場合

☆裁判所の許可にあたり、借地条件の変更や財産上の給付を命ぜられる場合があります。

第　三　者

☆借地人が借地上の自己の建物を第三者に貸すことは自由です。特約で禁止されている場合がありますが無効というべきでしょう。

譲渡をめぐる問題 ①
借地権を譲渡したいのだが

★借地権には地上権と賃借権がある…

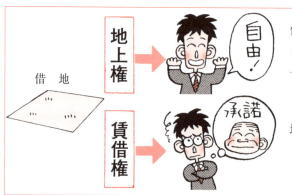

借地人は、自由に売買ができます。ただし、借地が地上権であるケースは少ない

地主の承諾が必要

★建物の所有を目的とする賃借権の場合に無断で譲渡すると…

無断譲渡を理由に契約が解除された場合、建物を譲り受けた者は、地主に時価で建物を買い取ってくれるよう請求できます（借地借家法14条）。

それは…
地主の承諾に代わる裁判所の許可を得て譲渡する途があります。

このような場合にいい方法がある

譲渡をめぐる問題 2

名義書換料を請求されたが

★転勤することになったので、この際、建物を借地権付で譲渡しよう…

そこで、地主に相談したところ、土地価格の3割の承諾料を要求されました。

借地権付で建物を譲渡するには、地主の承諾が必要です。地主は承諾するかわりに相当の金額を承諾料として要求するのが一般的です。

承諾料は法定された金額はありませんので、いくらにしようと当事者の話合がつけば自由です。

話合がつかなければ、裁判所に申し立て、諸般の事情を考慮した承諾料を決めてもらうしかないでしょう。

このような場合の承諾料の平均的な例としては、借地権価格の一割前後が相場のようです。

77

担保をめぐる問題 ①
借地（底地）の担保権が実行されると

★土地を借りたところ、抵当権者から担保権の実行を通知された…

賃借の後に抵当権設定の登記がなされた場合

賃借の前に抵当権設定の登記がなされていた場合

短期賃借権制度の廃止

明渡さなくてよい

契約の存続期間中は抵当権に対抗できます。

明渡さなければならない

ただし、6カ月間の明渡し猶予期間がある

平成16年3月31日以前は短期賃貸借制度があり、5年間は抵当権者（競落人も同じ）に対抗できました。
しかし、同4月1日より短期賃貸借制度は廃止され、抵当権者に対抗するには、賃貸借の登記前のすべての抵当権者の同意を得ること、および同意の登記が必要となりました（民法389条）。

土地を借りるときは、事前に登記簿を見て、抵当権設定の有無を調べておくべきでしょう。このような場合、善後策は専門家に相談すべきでしょう。

★担保不動産の実行には、競売の他に担保不動産収益執行（地代など）が創設された。

担保をめぐる問題 ②
建物の担保権が実行されたが

★借地（賃借）人が建物を担保に入れた…

借地上に賃借人が建てた建物には、賃借人に所有権があるので、それを賃借人が地主に相談なく担保にいれてもかまいません。

しかし、建物の所有権を移転する譲渡担保の場合は借地権の譲渡を伴うので地主の承諾が必要でしょう。

このようなトラブルを避けるために債権者は、担保に取る際に「地主の承諾書」を要求しているようです。

★建物の新しい所有者は借地人になれるか？
裁判所で地主の承諾に代わる許可が認められた場合には借地人になれます。多くの場合、許可がなされています。

〔注〕地上権は担保にすることができますが、賃借権は担保にはできません。しかし、借地上の建物を担保にすることにより、同一の効果が得られます。

79

7. 地主・借地人の変更の問題点

★売買・相続などにより地主や借地人は変わります。

★地主が土地を売却する場合

1 地主が土地を第三者に売却した

しかし、　　　　　　心配することはない

2 借地人が建物の登記をしていれば大丈夫

※競売による第三者への移転の場合も同様。

〔地主の変更と借地人の地位〕

　地主が土地（底地）を第三者（新地主）に売却した場合、借地権の登記（地上権、貸借権）があれば第三者に対抗できます。しかし、地主は上記の登記には応じないのが一般的なようですので、土地を売却された場合、借地人としては困ったことになります。
　そこで、借地借家法10条により、地主が土地を売却しても借地人が借地上に建てた建物の登記（表示登記〈表題登記〉でもよい）をしていれば、新地主に対しても旧地主に対して持っていた権利を主張（対抗）できます。

★借地人が借地権付で建物を売却する場合

1 借地人が建物を第三者に売却した

無断で建物を譲渡すると契約解除の原因になります。

以下の方法でOK

2 地主が承諾しない場合、地主の承諾に代わる裁判所の許可を求める

▶借地非訟事件手続き⇒141ページ参照

〔借地人の変更と地主の権利〕

　民法は、借地人が賃借権を他者に譲渡したり借地を転貸（又貸）しようとする場合には地主の承諾を得なければならず、もし承諾がなく（無断）で上記のような行為をしたときは地主は契約を解除することができると定めています（612条）。

　これでは借地人にとって不都合であることから、地主が譲渡・転貸の承諾を拒否した場合、裁判所に地主の承諾に代わる許可の裁判を申し立てることができることになっています。

地主・借地人の変更の問題①
地主が死亡したらどうなるか

★地主の相続人が相続により新しい地主になったとき…

借地は相続財産です。評価額は更地価額の2〜5割程度

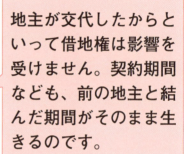

地主が交代したからといって借地権は影響を受けません。契約期間なども、前の地主と結んだ期間がそのまま生きるのです。

★土地を相続した人が第三者（新地主）に売却したとき…

相続した地主が、土地を売却するのは自由で、当然、借地人の承諾など不要です。また、土地が第三者に売却されても、借地人は借地上の建物について登記をしていれば、新たな地主となった第三者に対して借地権を主張できます。

借地人が居る土地はなかなか売れないので借地人は買取るチャンス

地主・借地人の変更の問題 2

借地人が死亡するとどうなるか

★借地人が死亡すると、借地権は相続人が相続する

契約をした借地人が死亡しても家族が相続でき、そのまま契約は続行されます。借地権者が死亡すると借地権は相続財産の一つとして共同相続人の共有財産になります。そして、遺産分割協議により誰が相続するかが決まります。

借地人

借地権の相続人

※借地の相続財産としての評価額は、土地価格の5〜7割程度

契約続行

※名義書換料などの名目でお金を要求する地主がいますが、相続人は支払う必要はありません。ただし、借地人が変わるので、連絡は必要です。

★借地人が死亡したとき内縁の妻がいるときはどうなるか？

借地人

内縁の妻

内縁の妻には相続権がないので借地権を相続することはできません。相続する人がいなければ、契約は切れ、借地契約は終了します。

☆借地権は相続財産（更地×借地権割合で評価）で、遺産分割の対象です。誰も相続人がいないときは、借地人が死亡した時に契約は終了します。

83

〔地主あるいは借地人の死亡による相続登記〕

登 記 申 請 書

登記の目的　所有権移転
原　　因　　令和元年9月6日相続
相 続 人　　（被相続人　甲　野　太　郎）
　　　　　　○○市○○町二丁目12番地
　　　　　　　　持分2分の1　甲　野　花　子　㊞
　　　　　　○○市○○町34番地
　　　　　　　　4分の1　甲　野　一　郎　㊞
　　　　　　○○市○○町三丁目45番6号
　　　　　　　　4分の1　甲　野　貴　子　㊞
　　　　　　連絡先の電話番号00-0000-0000
添付書類
　　　登記原因証明情報　住所証明書（申請書の写し）
□登記済証の交付を希望しません。
令和2年9月20日申請
　　　　　　　　　　　○○法務局　○○支局（出張所）

課税価格　金何円
登録免許税　金何円
不動産の表示
　　所　　在　　○○市○○町一丁目　　　⎫
　　地　　番　　23番　　　　　　　　　 ⎬ (注)地主の死亡の場合
　　地　　目　　宅　地　　　　　　　　　⎪　　に記載
　　地　　積　　123.45平方メートル　　 ⎪
　　　　　　　　価格　金何円　　　　　　⎭

　　所　　在　　○○市○○町一丁目23番地　⎫
　　家屋番号　　23番　　　　　　　　　　 ⎪
　　種　　類　　居　宅　　　　　　　　　 ⎬ (注)借地人の死亡の場
　　構　　造　　木造瓦葺2階建　　　　　　⎪　　合に記載
　　床 面 積　　1階　43.00平方メートル　⎪
　　　　　　　　2階　21.34平方メートル　⎪
　　　　　　　　価格　金何円　　　　　　　⎭

＊　A4の用紙使用。上記は、記載例ですので、下に線が引かれている部分を申請内容に応じて書き直してください。なお、「相続関係説明図」の添付が必要です。

地主・借地人の変更の問題 ③
未登記建物のある借地を売られたが

★借地人は建物の登記を怠っている…

建物の登記がしてあれば、第三者（新地主など）に対抗できるのだが…

地主が土地を売却

新地主が明渡しを請求

↓

明渡し

建物の登記をしていないと、借地人は土地が売却された場合、新地主に対抗（主張）することができず、明渡しを要求された場合には立退かなければなりません。
しかし、土地の譲渡につき背信的な事情がある場合には、登記がなくても借地権を主張できる場合があります。

☆登記は表示（表題）登記でも対抗要件になります（最高裁・昭和50年2月13日判決）。

8. 契約期間中の借地権の終了と問題点

★借地権の終了原因には、契約解除建物の滅失などがあります。

契約期間中でも、こんな場合には契約は終了します。

1 合意による終了

- 契約期間中でも、契約を合意によって解除することは自由です。ただし、このケースでは多額の立退料を地主が支払うのが普通です。

2 契約解除による終了

- 契約解除の原因についてはすでに説明しましたが、契約を解除されると当然に契約は終了します。

☆契約違反による契約解除の原因となるものは、(イ)用法違反、(ロ)建物の増改築に関する特約違反、(ハ)賃料不払い、(ニ)無断譲渡・転貸などがあります。

3 建物の朽廃による終了

●旧借地法（平成4年7月31日以前の契約に適用）では、借地上の建物の朽廃で借地契約は終了するとしています。この朽廃とは、老朽化の程度が極端に進んでいる状態です。ただし、朽廃の前に増改築すれば借地契約は終了しません（次ページ参照）。また、火災や地震などによる滅失の場合には、契約は終了せず再築ができます（7条）。

なお、借地借家法（平成4年8月1日以降の契約に適用）には、朽廃に関する規定はなく、朽廃によって借地契約は終了しません。ただし、借地人が解約の申入れをした場合および残存期間を超えて存続する建物を築造した場合に地主の解約の申入れにより、契約は終了します。➡下記参照

4 その他

①土地収用、②借地人の死亡で相続人不存在、③借地人が地主から底地権を買った場合には、借地権は消滅します。

◆借地上の建物の滅失と借地権 ➡平成4年8月1日以降の契約

借地借家法には、朽廃の規定はなく、地震や火事などで建物が滅失した場合、滅失後もなお借地権の効力があるとする規定が設けられています。

つまり借地人は、借地上の見やすい場所に、①建物の表示、②建物の滅失した日、③建物を新たに建てること、を掲示すればいいのです。ただし、2年経っても建物の登記をしないときは、その借地権の効力はなくなります（10条②）。

◆借地上の建物の滅失と再築 ➡平成4年8月1日以降の契約

1 最初の存続期間中に建物が滅失した場合（借地借家法7条）

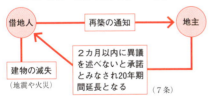

借地人が、残存する存続期間を超えない建物を建てる場合は問題ありません。ただし、存続期間を超えるような建物を建てる場合は、地主の承諾が必要です。承諾があると、存続期間は20年となります。承諾がなければ、存続期間の延長はできません（契約終了までは住むことができます）。なお、借地人が建築の通知を出してから2カ月以内に地主が異議を述べないと、承諾したものとみなされます。

2 契約更新後に建物が滅失した場合（借地借家法8条・18条）

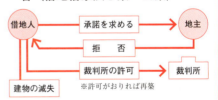

残存期間を超えない建物を建てることが問題ないのは、①と同じです。ただし、借地人が地主の承諾もないのに存続期間を超える建物を建てると、地主は賃貸借契約の解約を申し入れることができます。この場合には、申入れの日から3カ月を経過すると自動的に解約となります。

なお、地主の承諾が得られない場合には、借地人は裁判所に地主に代わる承諾の許可を求めることができます。

契約の終了をめぐる問題 ①

借地上の建物が老朽化している

★建物が朽廃すれば借地権は消滅する…

平成4年7月31日以前の借地契約

借地法2条1項では、「建物が期間満了前に朽廃したときはこれによって借地権は消滅する」と定めています。

朽廃をどう判断するか問題になる

〔朽廃とは〕建物の重要な部分が腐蝕したり、損傷したりして、もはや建物としての効用を果たさず修繕を加えても建物として用をなさない程度になった場合

☆火事や地震などで建物が消失したり倒壊したときは、「**朽廃**」とはならず、「**滅失**」ということになります（借地法7条）。

朽廃が認められれば、借地権は消滅します。

借地人としては、朽廃前に増改築をすることにより建物の朽廃を防ぐことができます。増改築禁止の特約があり、地主が承諾しないときは、裁判所の許可を得て行うことができます。

★**借地借家法の規定**　平成4年8月1日以降の借地契約については借地借家法が適用されますが、同法には建物の朽廃についての規定はありません。ただし、借地借家法でも「建物の現況」が正当事由を判断する要素と規定されています。老朽化が進み、建物の使用が危険な状態であれば、正当事由が肯定されることもあるでしょう。

契約の終了をめぐる問題②
破産すると契約は終了するか

★借地人が破産した…

地主は建物収去と土地明渡しを請求しました。借地人の借地権や建物をどう扱うか…

裁　判

破産管財人
明渡しには正当事由が必要ですよ…

地　主
土地明渡し

判例は、借地人の破産により地主が解約の申入れをする場合にも、借地法所定の正当事由があることを要するとしました。なお、民法621条の賃借人の破産による解約の申入れの規定は削除されました。

【参照判例】最高裁・昭和48年10月30日判決

契約の終了をめぐる問題 ③
用法違反で借地人は買取請求ができるか

☆木造を建てる契約で借り、建物が火災で消失したので、コンクリート造の建物を無断で新築した場合

地主が用法違反を理由に契約解除ができたとすると…

コンクリート造二階建て

火災で木造の建物が消失

契約解除するなら、建物を買い取って欲しい

建物買取請求権は、正当な権利により建物を造っている場合に適用されるもので、正当な権利のない建物についてまで適用されるものではありません（判例）。同様のことが、無断転貸などで契約解除になった場合もいえます。

【参照判例】鳥取地裁・昭和30年3月3日判決

契約の終了をめぐる問題 ④
地代滞納による契約解除で買取請求権は

★地代を1年以上も滞納し、契約解除された場合

借地人の方に契約解除されても仕方がないような原因を作ってしまったのですから、建物の買取請求はできません（学説では認める意見もある）。

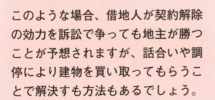

このような場合、借地人が契約解除の効力を訴訟で争っても地主が勝つことが予想されますが、話合いや調停により建物を買い取ってもらうことで解決すも方法もあるでしょう。

【参照判例】最高裁・昭和35年2月9日判決

契約の終了をめぐる問題 5
借地が道路拡張で収用されるが

★土地を収用するという話がきた…

公共用の目的でどうしても借地を処分しなければならなくなることはよくある話です。

しかし、たとえ地主が承諾しても実際に借地上に建物をたてて所有している借地人もいることですから、借地人の了解も必要になります。

話合がこじれると、強制収用になる可能性もあります。

借地人も当然、補償を受ける権利があります。土地収用法は土地の所有権を収用する場合、地主を「土地の所有権者」、借地人を「関係人」といって、補償の対象としています。また、補償額については「通常受ける損失」と定めています（土地収用法88条）。

補償の額は、借地権の契約期間、地代、権利金、利用方法、建物の時価などを総合的に判断して決定されます。

契約の終了をめぐる問題 6
土地収用で借地人の補償は

★土地を借りて、やっと家を建てたばかりなのに…

土地収用とは、公共事業のために国や地方公共団体が買収することをいいます。
当該事業の中止を申入れたりして反対することはできますが、最終的に収用裁決がなされますと立退かなくてはなりません。
この場合、地主を土地の所有者、借地人を関係人と呼んでいます。

古くからの借地人であっても、ホヤホヤの借地人であっても、補償は受けられます。ただし、その補償額は、「総合的に比較考慮して」算出されるので、それぞれ違った額になってきます。なお、国土交通大臣または知事から事業の認定があった後に権利を得た場合は補償が認められませんので注意してください。

トピックス

借地権付き住宅

■借地権付き住宅とは

借地権には地上権と賃借権があることは本文で述べたとおりだが、借地権付き住宅は地上権の場合はほとんどなく、借地権＝賃借権と考えていただきたい。また、賃借権にも普通の借地権と定期借地権とがある。

売買される借地権付き住宅は、借地上に建物を造り、これを分譲したものである。勿論、地主の承諾を得た上である。この借地権住宅の最大のメリットは、土地所有者の場合に比べて、当然のことであるがかなり安いということである。

■なぜ、借地権付き住宅は安いのか

どれくらい安くなるかというと、底地権割合の分だけ安くなると考えてよいだろう。底地権割合は、地主に留保されている底地権相当分を言い、借地人が土地を使用できる借地権相当分を借地割合という。

一般に都市部で借地権割合が高くなり8割を超えるケースもあると言われている。一方、郊外では5～6割の借地もあるとされている。

つまり、都心部では8割、郊外では5～6割の土地値で手に入れることができるというわけだ。ただし、地代を払わなければならないことは当然のことである。

平成4年の借地借家法の施行により定期借地権制度が新設され、定期借地権付き住宅が話題となった。その理由は、土地付き分譲住宅があまりにも高騰したことに原因がある。業者としては安く物件が提供でき、買手はとにかく安いというメリットがあったからだ。

定期借地権の場合も、定期借地権付き住宅についての考え方は同様だが、建物の持ち主が中古の建物を売ろうとすると、存続期間の残りの年数に応じて借地権は安くなる。

■借地権と所有権

借地権が得か、所有権が得か、このことについては一概にどちらか得とは言えない。つまり、借地付き住宅は安く手に入るが、地代をずっと払い続けなければならないし、普通の借地権では契約更新に際しては、通常、更新料も支払わなければならない。また、定期借地権では契約にもよるが建物を壊して更地にして返さなければならない場合もある。

購入による所有権の取得だと、そんなことはないが、その分だけ購入時に高くなっている。

いずれにしても、大切な財産となるものだから、十分に考慮して納得ずくでの購入が大切である。

第3章

借地期間の満了と更新

借地契約の期限（満了）が来ると、契約更新か、立退き（終了）がで争いとなることがあります。通常の借地権の場合、立ち退きには地主に「正当事由」があることが必要だからです。

本章では、平成4年7月31日以前に結んだ借地契約で一番問題の多い契約の更新・更新拒絶について解説します。平成4年8月1日以降の定期借地権契約は更新はなく終了します。

♣更新をめぐる紛争は多い……

1. 借地期間の満了とその後の手続き

★借地期間が満了しても、更新を拒絶することはなかなか難しい。

☆借地期間と更新・終了までの流れ…

1 普通の借地権（地上権・一時使用除く）の場合

★**借地の存続期間**（平成4年8月1日より以後の契約）

| 一律 | 30年 | 期間の定めが
30年未満 ⇒ 30年
30年以上 ⇒ 定めた期間 |

★**借地の存続期間**（平成4年7月31日より以前の契約）

建物の種類＼存続期間	期間の定めなし	期間の定めあり
堅固な建物（鉄筋コンクリート造など）	60年 となる	期間の定めが 30年以上 ⇒ 定めた期間 30年未満 ⇒ 60年
非堅固な建物（木造など）	30年 となる	期間の定めが 20年以上 ⇒ 定めた期間 20年未満 ⇒ 30年

借地契約

旧借地法下（平成4年7月31日以前）の借地契約は、旧借地法がおおむね通用される。

▷定期借地権の存続期間については、14ページ参照

2 臨時施設など一時使用の場合

一時使用契約 → 借地借家法・借地法の期間の規定の適用なし → 契約書で定められた期日で終了

```
                                    ┌─ ほとんどの場合
                                    │  契約は更新される
                                    │
        更新請求で話合がつく
              │
              ▼
           合意更新

           使用継続に地主が異議
           を述べないとき  →  法定更新                    借地人
                                                          使用続行
※契約期間の満了
           更新請求・使用継
           続でただちに地主    正当事由
           が異議を述べると    なし     →   法定更新
              │
              ▼
           更新拒絶
                              正当事由
                              あり     →   終了

           借地人が任意に明渡せば    →   終了           借地人
                                                       建物買取請求権
```

※定期借地権の場合、契約期間の満了により契約は終了します。

2. どんな場合に契約は更新されるか

★更新には法定更新と双方の合意による更新とがある。
なお、定期借地権には更新はない。

★更新について話し合いができなければ…

◆法定更新

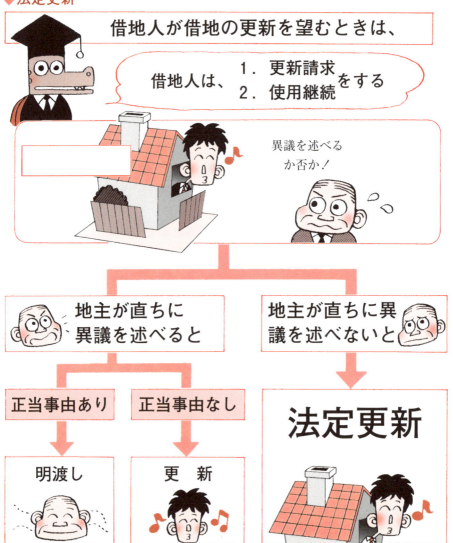

★更新について話し合いができれば…
◆合意更新

- お互が話し合い納得した上で契約を更新する場合です。普通は新たな契約書が作成され、更新料などが決定されます。
- 更新の場合の契約期間については、12ページ参照。

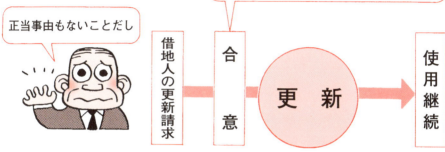

〔借地人がする借地契約更新請求書〕

借地契約更新請求書

　　□□県□□市□□町□□□番地
　　賃貸人　乙　野　次　郎　殿

　わたくしはあなたから昭和□□年□月□日の契約で、あなたの所有する□□県□□市□□町□□□番地宅地□□坪を賃借致しましたが、平成□□年□月□日に借地期間は満了しましたが、上記借地上にはなお建物が存在しますので、前契約と同一の条件をもって契約を更新したく思いますから、御同意下されたく請求致します。

　　令和□年□月□日

　　　　　　　　　　　□□県□□市□□町□□□番地
　　　　　　　　　　　賃借人　甲　山　太　郎　㊞

〈注〉　内容証明郵便(配達証明つき)で出したほうがよい。

契約更新をめぐる問題 ①

一時使用だと期限に返してもらえるか

★一時使用ということで契約したが…

一時使用の場合は借地権の存続期間、更新と建物買取請求権など（旧借地法2条〜8条ノ2）の規定が適用になりません。したがって、契約期間が満了すれば返してもらえます。

契約の内容が一時使用のためと認められるものでなければ普通の借地契約になります。

〔一時使用であるためには〕臨時施設、その他一時使用のために設定したことが明らかであることが必要です。
一時使用が認められる例としては、臨時の博覧会場、サーカス用の小屋、予定計画があって仮建築のために貸した場合、都市計画の実施までに貸した場合などがあります。一時使用というためには、それだけの合理的な事情が客観的になければなりません。

☆一時使用とみとめられないときは通常の借地契約となる。

契約更新をめぐる問題 2

契約を更新しないという特約は有効か

★知合いのピアノ教師が間借先（まがり）で立退きを要求されて困っていた…

1. 長男と次男を住まわせる予定にしていた土地のうち次男を住まわせることにしていた土地を、事情を説明してピアノ教師に貸しました。そこで…

2. 借地人は建物を造り、姉・弟と居住し、その間、増改築し、ピアノを教えるための防音施設も作りました。
地主は、その後Ａ地を処分し、別の土地を賃借して三棟の建物を造り、一棟を他人に貸していました。

3. その後、地主は死亡し、借地人も死亡しました。地主の相続人等は、借地人の土地部分を除いて売却しました。

4. 相続をした地主の次男（遠方に住んでいる）が、20年の期間が満了したときに借地人の相続人を相手に明渡しを請求しました。

更新をめぐる争いとなると、本事例のように複雑化します。
まず、契約の更新をしないという特約は無効です。しかし、裁判では、この特約をめぐって正当事由の有無が争われました。判決では、双方の生活事情も考慮して正当事由を認めませんでした。

【参照判例】東京高裁・昭和52年6月20日判決

契約更新をめぐる問題 3
更新料は払わなければならないか

★契約更新に際し、更新料を請求された…

更新料の授受

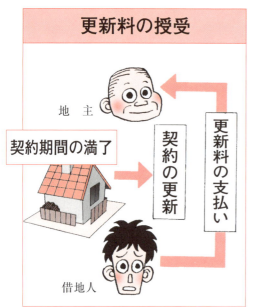

更新料は、契約更新に際して、借地人から地主に支払われる一時金のことです。

更新料が支払われているケースは、大都市圏では6割程度にのぼっているといわれています。

このように、多くの場合、更新料が支払われる理由としては、借地人が地主と今後ともうまくやって行きたいと考えているためのようです。

更新料の支払義務

契約によって更新料の支払いについて定めているときは、支払わなければなりません。これを怠ると債務不履行として借地契約を解除されることがあります（次ページ判例参照）。ただし、更新料の支払い義務はないとする判例もあります。

また、更新料は、契約で定めなかった場合には、支払義務がないというのが判例です（次頁参照）。

契約更新をめぐる問題 4
更新料の相場はどうなっているか

★更新料を支払うことにはしたが…

更新料については、これといった算定基準はありません。

更新料が支払われる場合の金額は、当事者間の合意があればそれで決まるためケース・バイ・ケースです。

左は、支払われたケースを分析して出した一応の目安です。

更新料をめぐる2つの判例

★更新料の支払を特約して履行しないと契約解除の原因となる

更新料の支払約束に関して、昭和59年4月20日の最高裁判所判決は、「更新料の支払約束が、更新後の賃貸借契約の重要な要素として組み込まれているときは、更新料の不払いは、契約当事者の間の信頼関係を破壊するいちじるしい背信行為として、賃貸借契約の解除原因になる」と判示しています。

★更新料の支払義務はない

更新料の支払義務に関して、昭和51年10月1日の最高裁判所の判決は、「宅地賃貸借契約の法定更新（借地法6条）に際して、賃借人（借地人）が賃貸人（地主）に対して更新料を支払うべきであるとする慣習は存在しない」として更新料の支払義務を否定しています。

3. どんな場合に契約は終了するか

★合意による終了・更新拒絶で地主の正当事由が認められた場合の終了・定期借地権の期間の満了による終了などがあります。

★更新拒絶による契約の終了

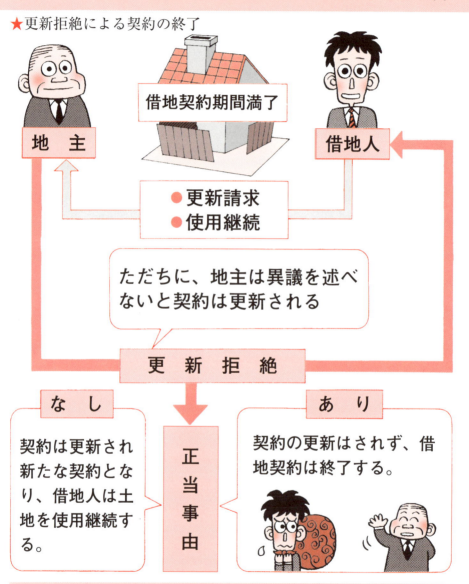

☆合意による契約の終了　地主・借地人間の合意で借地契約を終了させること。借地人が契約の終了に際して更新を望まない場合、地主の更新拒絶に応じる場合などです。このような場合も、地主が借地人に立退料を支払うのが一般的です。

〔地主がする借地契約更新拒絶回答書〕

借地契約更新拒絶回答書

□□県□□市□□町□□□番地
賃借人　甲　山　太　郎　殿

　あなたに対して昭和□□年□月□日の契約をもってわたくしの所有する□□県□□市□□町□□□番地宅地□□平方メートルについて設定した借地権は、平成□□年□月□日に消滅しましたが、同地上になお建物が存在するから上記契約を更新したい旨平成□□年□月□日御請求になりましたが、わたくし自身で上記土地に建物を建築したいと思いますので、契約更新の御請求を拒絶します。

　令和□年□月□日

　　　　　　　　　　□□県□□市□□町□□□番地
　　　　　　　　　　　　賃貸人　乙　野　二　郎　㊞

〈注〉　内容証明郵便（配達証明つき）で出したほうがよい。

★定期借地権の場合は期間の満了による終了

　平成３年の臨時国会で、借地借家法が成立し、定期借地権制度が導入されました。
　定期借地権が導入された理由は、貸主が土地を他人に貸すと、なかなか返してもらえないという現実があります。そこで、貸主は土地を貸す際には、高額の権利金の授受を要求します。しかし、他方、それほど長い期間でなくてもよいから、安い資金で土地を借りたいという需要もあるのです。
　このような需要に応えるために、通常の借地権のほかに定期借地権制度を設けたのだとされています。定期借地権は、一定の要件の下で、**更新のない借地権**（契約期間の満了によって契約は終了）を認めたものです。これによって借地の利用の幅を拡げる効果があると考えられています。定期借地権の活用例としては、定期借地権付住宅、事業用定期借地権による店舗などがありますが、利用件数はあまり伸びていないようです。

契約の終了をめぐる問題/
正当事由の有無はどう判断されるか

★正当事由の有無は総合的に判断される…

※地主が自分で使用するためといってもダメ

自ら土地を使用する場合、その他、正当事由がある場合

（旧借地法4条1項ただし書）
借地借家法6条

☆正当事由の有無は、地主側の事情と借地人側の事情を総合的に比較衡量して判断されます。したがって、正当事由の具体的な判断となるとケース・バイ・ケースということになります。なお、借地人が立退料を提供することによって、正当事由が補強され、認められる場合があります。
しかし、一般論で言えば、正当事由はなかなか認められません。
詳細は⇨第4章参照

■正当事由の判断基準

基本的考え	正当事由の有無は、地主側の必要性・借地人側の事情を総合的に判断してなされます。しかし、裁判所はなかなか正当事由を認めたがらない傾向にあります。なお、借地借家法では正当事由の内容を明文化しました（6条）。
正当事由が認められやすい場合	①地主側に土地利用の必要性が高いときは、正当事由が認められやすい傾向にあります。この必要性は切実で、かつ具体的なものほど認められやすいようです。 ②借地人側に土地使用の必要性が少ない場合、正当事由が認められやすい傾向があります。借地人が借りている土地の他にも多く土地を持っている場合などがこれにあたります。 ③借地人の側に、借地権の無断譲渡や無断増改築といった背信行為があった場合は、正当事由が認められやすい理由となります。 ④「期間が満了したら明け渡す」という特約が、地主と借地人との間で結ばれているときは、この特約は効力がある訳ではありませんが事情によっては正当事由が認められる理由となることもあります。 ⑤地主側・借地人側の必要性がそれほど異ならない場合、立退料や代替地を提供すれば「正当事由」が補強されて認められることもあります。

☆火災などによる建物の消滅と正当事由

・借地権が消滅しないうち（存続期間がまだ残っている場合）に、建物が滅失したらどうなるでしょうか？

　平成4年7月31日までの契約では、借地権の存続期間中に建物が火事・地震・風水害などで滅失しても借地権は消滅しません（借地法7条）。

　この場合、借地権の残りの期間をこえて存続するような建物を新築し、地主がこれに対してただちに異議を述べないと、借地権は建物滅失の日から数えて、新築の建物が堅固な場合は30年、非堅固な建物の場合は20年間の借地の存続期間となります。ちなみに地主がただちに異議を述べた場合は、借地権の存続期間は延長されないことになりますが、この場合も地主が更新拒絶をするためには正当事由が必要です。

　なお、平成4年8月に施行された借地借家法では、7条、8条、10条②に借地人の保護規定を置いています（87ページ参照）。

4. 明渡す場合の補償には何があるか

★立退料・建物買取請求権に基づく買取料があります。
定期借地権には立退料はありません。

★建物買取請求権に基づく買取料と立退料

支払の有無、金額はケース・バイ・ケースである…

建物買取料

借地人が借地上に建物などを造っている場合に、借地関係が終了したとき、借地人は地主に買取を請求できます。これを建物買取請求権といいます（借地法4条②、10条、借地借家法13条）。この買取請求権を否定する契約条項を定めても無効です。

なお、一般定期借地権および事業用定期借地権は特約で買取請求権を排除できますが、建物譲渡特約付は時価による買取となります。

立退料

立退料は、借地を明け渡す際に地主から借地人に対して支払われる金銭のことで、移転料とも言われます。立退料の支払の有無・金額は立退きの事情によりケース・バイ・ケースですが、立退料算定の目安としては、借地権価額（土地価格×借地権割合〈5～8割〉）となります。

なお、定期借地権の場合には、立退料は原則としてありません。

☆土地収用で明渡す場合には、損失補償が受けられます。

立退料をめぐる裁判例

判決年月日	事件の概要	判決
●補償金の提供により正当事由を認めたケース 東京地裁 平成元年12月27日判決	〔地主側の事情〕 前貸主から底地を買い受けた不動産業者。昭和49年頃から本件土地を含めた地区の再開発事業に乗り出し、本社ビル建設の計画を立てている。 〔借地人側の事情〕 昭和47年頃から本件土地上の建物で皮革製造業を営んでおり、同地域での営業は精神的な存在基盤である。	・立退料4億円の経済的条件を加えることにより正当事由は具備されるとした。 ・立退料提供申し出が期間満了後13年後でも、訴訟の経過に照らして遅滞なくされたものと認められる。
●土地の有効利用で立退料の提供をしたが不十分として認められなかったケース 東京地裁 平成2年4月25日判決	〔地主側の事情〕 地主Aは、近隣の状況等から当該貸地は高度に有効利用されるべき土地である旨を主張し、30億円の立退料を提示し立退きを求めた。 〔借地人側の事情〕 土地の高度有効利用は、借地人によっても可能であり、借地人にその意思と能力がある。	・貸地の高度有効利用は、正当事由の一つの要素であり得るが、それだけでは不十分。 ・更地評価額が97億円で、当該地域の借地権価格が更地価格の88%程度である場合、30億円の立退料の提示では不十分。
●3億円の提供あるも正当事由を否定 東京地裁 平成8年7月29日判決	〔地主側の事情〕 本件土地周辺は都心の中高層ビル街。地主は大手金融業者で、借地上の建物は築後40年の老朽化した建物。建替えによる有効利用を主張、3億円の立退料の提供を申し出た。 〔借地人側の事情〕 本件土地の賃借権は転々とした後、大手貸金業者が取得。貸金業者は資金難から一度は借地上の建物の建て替えを断念したものの、同建物の賃借人と共同開発を維持している。和解手続きにおいて賃貸人との共同開発を提案したが拒否された経緯がある。	・賃貸人の借地人への立退請求は貸金の回収・事業利益の増進であり、また借地人が本件土地を有している等の事情を十分承知して購入している等から「自己使用の必要性」は弱い。 ・立退料の3億円の提供では、正当事由を補完するに足りない。
●賃借人の必要性は、賃貸人の必要性を下回るとして、6500万円の立退料で認容 東京地裁 平成10年8月21日判決	〔地主側の事情〕 不動産会社と共同で賃貸住宅用の高層ビルの建築計画を立案。6500万円の立退料の提供を提案。 〔借地人側の事情〕 他にも建物を所有しており、平成8年までの生活の本拠は、その建物だったと認められる。	・同土地を開発区域に取り込むことにより、所有地の有機的一体的利用が図られることは明らかである。 ・立退料は6500万円が相当である。
●他の土地でも借主の土地利用の必要性は満たされるとして、1000万円の立退料で認容したケース 東京高裁 平成11年12月2日判決	〔地主側の事情〕 自己使用のために必要。訴訟前に調停を行い借地権価格相当の3300万円を提示したが、合意に至らなかった。 〔借地人側の事情〕 2階を計算センターとして利用（1階は物置状態）しており、必要と主張。	・借主の必要性はあるが、他の土地であってもかまわない。 ・一定期間分の賃料の差額と本件建物に対する改修費の1000万円で立退きを認容。

補償をめぐる問題 １

買取請求の対象となるものは何か

買取請求の対象になるものは多い

地主 ← 土地の明渡し（借地関係の終了） → 借地人

建物買取請求 ［形成権なので借地人の一方的意思表示でよい］

金銭の支払い

↑ 時価

建物は買取請求の対象となります

門・ヘイ・防火施設など、建物以外のもので、付け加えた土地の利用に役立ち、しかもある程度の独立性をもち、土地の一部になっていない場合には、買取請求の対象となります。

☆契約違反で借地関係が終了した場合は建物買取請求権があるかどうかですが、多くの判例はないとしています（最高裁・昭和35年２月９日判決等）。

契約違反で借地関係が終了したときは買取請求はできない

補償をめぐる問題 ②
誰に・いつ・いくらで買取請求するのか

★買取請求は誰に対してするのか…

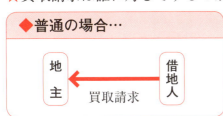

買取請求権は、①借地契約の期間が満了して更新がない場合と、②借地権の譲渡（借地上の建物の譲渡含む）に対して地主の承諾が得られなかった場合に生じます。①の場合は借地人が、そして②の場合には譲受人が、地主に対して借地上の建物の買取を請求できます（13条、14条）。

★買取請求の方式と時期
請求には決まった方式はありませんが、右のような文書で請求したほうがいいでしょう。
請求は、地主が土地の明渡しを求めてきたときにそれならという形でなされる場合が多い。買取請求権の消滅時効は10年とするのが判例です（最高裁・昭和42年7月20日）。

★買取の価格
地主が時価で買い取ることになります（取壊した場合の材木の価格ではない）。したがって、建物が古くなっている場合は、さほどの価値がない場合もあるでしょう。
買取で問題になるのは、建物の存在する場所的環境を考慮するかどうかということですが、判例・学説も肯定しています（最高裁昭和35年12月20日判決）。

建物買取請求書

□□県□□市□□町□□□番地
乙　野　次　郎　殿

わたくしとあなたとの間での□□県□□市□□□番地□□坪についての土地賃貸借は、令和□年□月□日期間満了となりましたので、わたくしが更新を請求致しましたところ、あなたは、更新を拒絶する旨回答されました。上記土地上には、わたくし所有の建物およびわたくしか権原によって付属させた別紙目録記載のものがありますから、これを時価□□□円でお買い取り下さるよう請求します。

令和□年□月□日

□□県□□市□□町□□□番地
甲　山　太　郎　㊞

〈注〉　内容証明郵便（配達証明つき）で出したほうがよい。

補償をめぐる問題 ③
合意による明渡しで買取請求は

★双方とも合意して、借地権の存続期間内に借地関係を終了させた場合

合意解除した場合、買取請求権があるか否かについては判例は分かれています。最高裁は合意解除の場合は、原則として買取請求権放棄の意思表示もあるとして否定的な立場をとっています。

合意解除の場合、建物の買取なども含めて立退料が支払われるのが一般的です。借地人としては、その話合いの際に建物をどうするかについても、十分に話し合っておくことが大切といえます。

【参照判例】 宇都宮地裁・昭和26年4月26日判決・最高裁昭和39年3月31日判決

補償をめぐる問題 4

建物以外でも買取請求はできるか

★借地を明渡すことは決まったが…

何から何までまるごと買取ってもらえませんか？

条文は、「建物其ノ他借地権者カ権限ニ困リテ土地ニ附属セシメタル物」（借地法4条2項）となっていますが…

門や塀のように、その土地に付け加えられて土地の利用に役立つものは買取請求の対象となります。

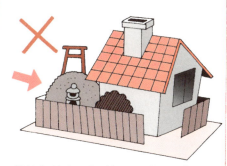

借地人だけが必要として造ったもの（趣味で造った築山など）は買取請求の対象にはなりません。

★建物以外のものも、土地に付け加えられて土地の利用に役立ち、しかも、ある程度の独立性を持ち、土地の一部にはなっていないものは買取請求の対象になります。具体的には、門、ヘイ、防火施設などがあげられます。

地主の買取価格は「時価」ですが、話し合いがつかなければ、調停や訴訟により裁判所で決めてもらうしかありません。

補償をめぐる問題 5
地主の都合による場合の立退料は

立退料の金額はどのようにして決まるか？

★いくら払えば明渡してもらえるのか…

1 一時使用の場合

一時使用とは「臨時施設その他のために一時的に土地を貸す場合」をいいます。
契約が一時使用の場合は、期限をもって契約は終了しますので、立退料を提供して明渡してもらう必要はありません。

立退料を支払うことなく明渡し完了

2 借地権がある場合

◆地主の都合による明渡し

1 明渡しで正当事由がある場合
この場合、立退料は不要です。しかし、立退料の提供により正当事由を補完し、明渡しが認められる場合があります。金額はケース・バイ・ケースですが、地主の正当事由が弱ければ高くなるでしょう。

2 明渡しで正当事由がない場合
話合いで決定するしかありません。借地人が断ればそれまでです。金額もケース・バイ・ケースですが、借地権価格（更地価格の7割前後）が一応の目安となるでしょう。

補償をめぐる問題⑥

借地人の契約違反で立退料は

債務不履行

★借地人側に何らかの債務不履行があった…

あくまで契約解除をめぐって争い訴訟で決着をつける場合は、使用継続か立退料なしの明渡しかになります。

契約解除ができる場合

契約解除ができるかどうか明らかでない場合

話合い・調停・和解
[契約解除について話合いがなされ、立退料についても話し合われるケースが多い]

契約解除

立退料の支払いなく明渡し完了

債務不履行が弱ければ借地権の価格まで考慮

立退料の支払いによる明渡し

■1 契約解除が可能な程度の債務不履行の場合

債務不履行を原因として契約解除がなされる場合は立退料は不要です。
ただし、借地人が任意に明渡さなければ、裁判によるほかはありません。
裁判で判決を得るには、時間と費用がかかりますので、立退料を支払い明渡してもらうケースもあります。

■2 契約解除ができるかどうか分らない場合

債務不履行の程度に応じて、建物収去・移転費用のみのケースから、借地権相当の価額まで考慮することになります。しかし、借地人が違反の程度が軽微であることを理由に争えば、明渡しそのものが認められないこともあるでしょう。

補償をめぐる問題 [7]
明渡しでもめているので供託したい

★地主が更新を拒絶し立退料を提示してきた…

☆更新をめぐって争いに…
立退料を提示されたからといって、借地人は借地を明渡す必要はありません。

すると…

☆地主が地代を受け取らない

支払い義務

地主が賃料を受け取らなくても、借地人の地代の支払義務は残ります。

そこで…　←　**供託**

供託する場所については、債務履行地の供託所ということになります。つまり、地代を地主に持参することになっていれば、地主の住所を管轄する法務局です。

☆法務局（地方法務局・出張所）へ…
代理人に供託させる場合は、委任状が必要です。

※供託の額は、地代の値上げでは、従前の地代でもよいのですが、若干プラスして供託するのもよいでしょう。

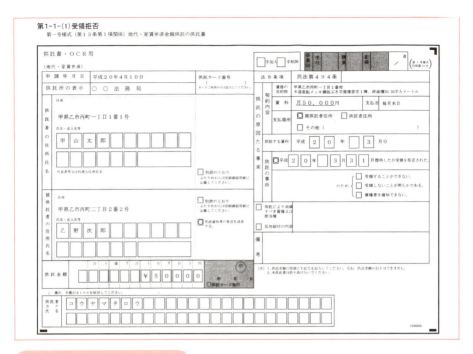

★供託とは何か

　供託とは、法律の規定によりその目的を達するため、金銭・有価証券その他の物を供託所または国家機関の指定する倉庫業者に提供する行為をいいます。

　地代値上げなどのトラブルで、地主が地代を受け取らない場合には、借地人は供託をすればよいのです。これを弁済供託といい、債務者が供託をしておけば、債務不履行を理由に債権者からの不利益を強いられることはありません。

　民法494条に規定する供託原因は、受領拒否、受領不能、債権者不確知のいずれか一つに該当していなければならないことになっています。たとえば、持参債務の約束なのに、持参もせず、勝手に供託することは認められません。ただし、受領を拒否することが確実なときは、持参する必要はありません。

　供託は法務局、地方法務局、支局、法務大臣の指定する出張所で行いますので、もよりの法務局で相談してください。

　また、地主は供託金を払渡してもらうことができます。しかし、供託金を地主が黙って受け取ってしまいますと、借地人の主張のとおり、従前の地代のままでいいと認められてしまう危険が大きくなります。これを防ぎ、供託された地代を受け取る方法としては、借地人に対して、供託された金員を「賃料の一部として受領する」旨の内容証明郵便を出した上で、供託所から還付（払渡し）を受けるとよいでしょう。

117

トピックス

定期借地権に関するトラブル

※定期借地権が誕生（平成4年8月1日施行、14ページ参照）してから、25年以上が既に経過しました。以下では、トラブルの事例を解説します。

■定期借地権の契約のトラブル

事業用定期借地権の契約に合意し予約が完結したので、借主が不動産の引渡しを受けて建築工事に着手。しかし、建物の規模についての意見が対立し貸主が公正証書の作成に応じず、事業用定期借地権予約の効力が問題となりました。

事業用定期借地権が成立するためには、その契約を公正証書にする必要があります。したがって公正証書作成ができないのですから、事業用定期借地権は成立しません。ただし、契約内容によっては、普通借地契約の成立の可能性はあります。

■定期借地権の中途解約のトラブル

不景気を反映して、定期借地権の中途解約が多発しました。中途解約については、借地借家法には法文上の規定はなく、借地人側から中途解約をする場合には、契約において中途解約を留保する旨の特約の有無がまず問題です。しかし、ほとんどの契約において、中途解約は想定されていなかったため、中途解約の条項は存在しないものがほとんどです。

中途解約条項があれば、その規定に従って解約しますが、ない場合には、一定額の金銭を支払い（違約金）、合意解約をするしかないでしょう。この一定額については、「次の賃借人との契約が締結できるまでの相当期間程度（6カ月～1年程度）の賃料分という考え方があります。

なお、定期借地権付建物を売るという方法もありますが、この場合、地主の承諾が必要ですが、何より買ってくれる人がいるかが問題です。

■定期借地権の賃料減額のトラブル

バブル崩壊後、不動産の価額が大幅に下がり、借地についても賃借料が大幅に減少しました。では、定期借地権についても賃料の減額請求が認められるのでしょうか。

定期借地契約では、賃料の減額請求を排除できない（借地借家法11条）ものとされています。本事例の賃料の改定は、消費者物価指数スライド方式を用いて3年ごとの自動改定とすることが特約されていたのですが、地価が50％以上下落したことから、スライド方式による減額とは別に減額請求がされたというものです。

判決（千葉地裁）は、賃借人の請求を棄却しました。控訴審の東京高裁においても同様の判決でした。つまり、本事件では、賃料は特約によるとの判断がなされたのです。

第4章
更新拒絶で問題となる…
正当事由の研究

地主が更新拒絶し、土地を明け渡してもらうためには「正当事由」が必要です。

「正当事由」の判断は、地主側の事情と借地人側の事情を比較衡量して総合的になされます。

そこで、本章では「正当事由」の判断基準・具体的な裁判例などの解説を通して、「正当事由」を研究してみました。

♣正当事由をめぐる紛争は多い

1. 更新拒絶は正当事由が必要

★正当事由があれば更新を拒絶し、土地の明渡し請求ができます。ただし、定期借地権の場合は更新はなく、契約期間の満了により終了します。

★できれば、泥沼の争いにならず解決したいもの…

(注)定期借地権の場合、借地期間の満了により借地契約は終了し更新はありません。

■正当事由とはいったい何だ…

★明渡しで問題になるのは、「正当事由」が地主の側にあるか否かです。
● 借地法4条1項の規定は…
「自ラ土地ヲ使用スルコトヲ必要トスル場合其ノ他正当ノ事由アル場合」に地主は更新を拒絶することができると定めています。
● 平成4年8月1日から施行された借地借家法は正当事由の判断要因を明文化（6条）しました。

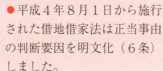

★借地借家法による正当事由の明文化

貸主が自ら土地・建物を使用することを必要とする場合、その他正当の事由がある場合

・**地主と借地人が土地を必要とする事情**——この必要性の比較が、正当事由を判断する場合の基本となります（他の要因は、補足要素です）。
・**借地に関する従前の経過**——契約締結時の事情（権利金の有無、近隣との地代の比較など）や信頼関係を損なう事情（地代の延滞など）です。
・**土地の利用状況**——建物が建っているかどうか、また建物がある場合には借地人が自分で利用しているかなども判断要因です。
・**財産上の給付の申出**——いわゆる立退料や代替土地の提供などです。

※定期借地権では更新がなく、正当事由の問題は生じません。

〔正当事由の具体的判断〕
正当事由の具体的な判断は、個々のケースで地主側の事情、借地人側の事情を総合的に判断してなされます。したがって、正当事由をめぐって争いが起きた場合、その有無の判断はケース・バイ・ケースということになります。
次ページ以下で述べることも、一応の目安となることはあっても、具体的な事件の判断にあたっては、やはり専門家の意見を聞くのがよいでしょう。

2. 正当事由の判断で何が問題になるか

★正当事由は以下のような事情について判断されます。

1 自己使用（居住・営業）・第三者（親族等）の使用の必要性

地主側の事情

2 生計事情

5 立退料・移転先の提供

3 借地上の建物の老朽化などの事情（現況）

6 賃貸をした事情

4 売却または有効利用（例えば建物の高層化）の必要性

7 その他
地主の破産
地主に変更があった場合など

借地人側の事情

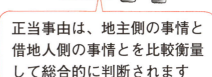
正当事由は、地主側の事情と借地人側の事情とを比較衡量して総合的に判断されます

1 自己の必要性

4 従来のいきさつ（借地人の地主に対する背信行為・誠実さ）

2 生計事情

5 その他 借主の度々の地代の滞納など

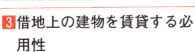

3 借地上の建物を賃貸する必用性

※正当事由が争われたケースを次ページ以下で解説しましたので参照してください。

123

地主・借地人の必要性

正当事由の判断 ①
必要度は互角とし正当事由を認めなかった例

★地主が自家営業用に使用したいとして更新拒絶した…

〔地主側の事情〕
家族中に病人を抱え、生計に余裕はなく、本件土地で自家営業をすることによって生活面を打開したい。

〔借地人側の事情〕
やはり、家族中に病人を抱え、生計には余裕がなく、本件土地に立脚する自家営業を唯一の生計手段としている。

ウーム 優劣つけ難い…

判　　断

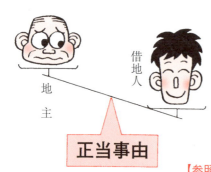

地主・借地人双方の土地の必要性は、直接の理由を取り上げれば、双方の主張は優劣がつけにくいものがあります。裁判所の判断で決定的な判断材料になったのは、「地主が自分の土地を借地人などに処分すれば、他所に目的のものが建てられる（自家営業用）」でした。地主の正当事由は認められなかったのです。

【参照判例】東京地裁・昭和42年7月13日判決

正当事由の判断 2
必要度を比較して明渡しを認めた例

契約期間満了

地主側の事情

地主は、現在65歳になっており、息子夫婦に面倒を見てもらいたいため、この土地に家を建て、同居させたい。

借地人側の事情

20年間に2回も建て直しをしたうえ、家族5人で暮らしている。8年後には定年の予定。

判　　　断

正当事由あり

裁判では、まだ働けて、経済的にも現在まだ余裕のあるのは借地人の方だとして、地主の明渡し請求を認めました。

【参照判例】東京高裁・昭和48年4月26日判決

正当事由

☆正当事由が認められるケースとして、地主に土地の使用の必要性が高いことがあげられます。この必要性は具体的で切実なものほど認められやすい傾向にあります。

正当事由の判断 ③
借地人側の必要度が高いとして認めなかった例

★地主が家庭の事情で更新拒絶した…

〔地主側の事情〕
婚期を逸した妹2人がいて、妻と折り合いが悪いので別居させたい。ついては、借地を明け渡してもらい、そこに家を建てて2人を住まわせたい。

〔借地人側の事情〕
6人家族でそのうち2人が病弱のためよそへ転出できない。また、そのための費用もない。

地　主　　　　　　借地人

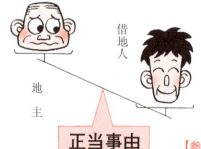

正当事由なし
地主／借地人
正当事由

判　　断

裁判所は、家族間の仲の問題よりも、切迫した必要度は借地人の方にあるとして、正当事由を認めませんでした。

【参照判例】仙台高裁・昭和38年10月2日判決

正当事由の判断 ④
借地人の必要度が高いとして認めなかった例

★期間終了後2週間余を経過して異議を述べ明渡しを請求…

〔地主側の事情〕
毛皮販売業を営んでいたが、事業拡張をして一貫作業にしたいので店舗を拡張したい。そこで期間満了の来た借地を明け渡してもらいたい。ただし、多額の更新料を払ってくれるなら、そのままでもいい。

〔借地人側の事情〕
肉屋を営み、家族10人がそれに頼って生活している。今、立ち退くわけにはいかない。

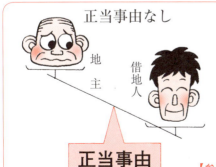

判断

判決では、借地人の必要度が高いことと、更新料を払えば更新してもよいという意思がある、という事情を考慮し、地主の正当事由を認めませんでした。

【参照判例】東京地裁・昭和47年3月30日判決

地主・借地人の経済事情

正当事由の判断 5
資産に格差があり過ぎ認めなかった例

★地主が事業のために使いたいと更新拒絶…

〔地主側の事情〕
これまで事業は映画館やホテルの経営をしている。空いた土地を貸与していたが、今後は自分たちの事業所も含めた多目的の高層ビルを建てたい。自分も使うのだから立ち退きが認められていいはずだ。

〔借地人側の事情〕
大正時代から居住し、不動産業や水菓子店を経営している。建物を他人に一部貸しているのも、双方が認めたうえでのことだ。

正当事由なし	判　　　断
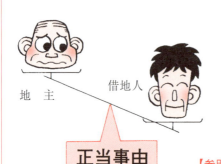	判決では、地主が相当な資産家であり、土地の必要性は借地人のほうの緊要度が高いとみて地主の正当事由を認めませんでした。

【参照判例】東京地裁・昭和36年7月3日判決

正当事由の判断 6
地主が困窮していることから正当事由を認めた例

〔地主側の事情〕
地主は女性で、病弱のため定職にもつけず、生活保護を受けなければならないほど、経済的に困っている。そこで、本件土地に貸ガレージを造り生計をたてようとした。

★生活に困窮…。貸ガレージを建てて生活したい…

〔借地人側の事情〕
借地人は竹材卸商を営み、生活は決して楽ではなかったが、土地の明渡しの話があった後、長男の土地にアパートを建てて他人に貸していた。

判断

この裁判では、「借地人の住居は多少の不便さえ我慢すれば他の土地の入手はさほど困難ではなく、明け渡してもすぐに生活に困るほどではない」として、土地の明渡しを認めました。

【参照判例】東京地裁・昭和43年1月31日判決

☆地主、家主のどちらに必要性があるかは、経済的事情の側面からは、比較的容易に判断ができるようです。そして、その判断は、ごく常識的な結果となることが多いようです。

借地人の背信行為など

正当事由の判断 7
空地のままの部分の明渡しが認められた例

★地主は自己使用を理由に正当事由ありとして、更新拒絶をしたい…

〔事情〕
地主が期間満了で更新拒絶し、明渡し請求。もし、それが認められなければ、20年間も空き地のままにしていたのだから、その部分だけでも明け渡すよう要求した。

【判断】
裁判所は、空地部分については、地主の主張を認めて明渡しの判決を下しました。

【参照判例】東京地裁・昭和45年11月27日判決

正当事由の判断 8

借地の一部に明渡しが認められた例

★ 地主は自己使用を理由に更新拒絶…
借地人の契約違反も主張…

〔事情〕
借地人は113坪を借りていたが、25坪を期間満了の時まで空地のままにしていたうえ、さらに一部を無断で他人に貸していた。

判　　断

裁判所は、空地の部分の明渡しを認めました。しかし、転貸している部分に関しては明渡しは認めませんでした。

【参照判例】東京地裁・昭和32年3月29日判決

☆無断転貸や無断増改築などの違反行為、背信行為が契約期間中に借地人にあったとき、これらの行為は正当事由が認められやすい理由の一つになります。

地主の立退料の提供

正当事由の判断 9
立退料を提供しても正当事由を認めなかった例

★地主が借地権価格相当額の立退料の支払いを正当事由の補完条件として提示…

〔地主側の事情〕
現在、本件土地の隣地に駐車場を造っており、それと一体として、より有効に本件土地を使用したい。
養子夫婦居住用としても、本件土地を使用したい。

〔借地人側の事情〕
会社の倉庫用として使用。本件土地に代替しうるような土地を会社の本社から至近の地でさがすことははなはだ困難で、本件土地使用の必要性は高い。

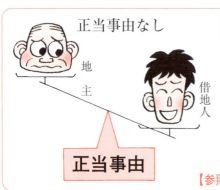

判　　　断

裁判所は、「本件土地を使用する必要性は原告（地主）に比して被告（借地人）において著しく高いものであるから、原告の申し出た立退料2504万円（借地権価格相当額）の提供も正当事由を補完するものではない」として、明渡しを認めませんでした。

【参照判例】東京地裁・昭和55年11月1日判決

正当事由の判断⑩
立退料を補強条件として正当事由を認めた例

★ 正当事由が認められるほどの理由は地主側にはない。
そこで…
地主は、立退料の提供を申し出た。

〔借地人側の事情〕
昭和23年以来、本件建物を生活の糧を得るためのパチンコ店および建物内店舗を他へ賃貸して使用している。

〔地主側の事情〕
現在の事務所は狭く、そのうえ立退きを迫られる危惧があり、本件土地は、本社事務所用ビルの適地である。ここに、本社ビルを建設する必要があり、そのための計画も作成している。

判断

裁判所は、「即時無条件明渡しを求めるための正当事由があるとはいい難い。しかし、原告（地主）が被告（借地人）に対して8億円を正当事由の補完として提供することによって、明渡しを求める正当事由は具備された」として、明渡しを認めました。

【参照判例】東京地裁・昭和56年4月28日判決

☆立退料はあくまで正当事由を補完するための条件にしか過ぎません。これを認容すると借地人の真意に反する結果になるときは加味しないとの判例もあります。

借地上建物の借家人の事情

/正当事由の判断⑪

借家人の事情を考慮すべきでないとした例

★明渡しを請求したところ、借地上の建物の借家人が問題になった

地主

〔地主側の事情〕
本件土地の隣地を拠点として冷蔵倉庫業を営んでいる。顧客の要請に応ずる等のために本件土地が必要。立退料を提示。

かなりの資産家

〔借地人側の事情〕
借地上の建物を貸して年間700万円の収入を得ている。他に収入もあり、直接生活上の打撃は受けない。

借地人

かなりの資産家

借家人

①共同住宅兼店舗
②借地関係が50年もつづき、建物もかなり老朽化
③都によって防災地域に指定されると持主は建物の建造を制限されるおそれがある。

〔借家人側の事情〕店舗兼住宅ないしは居宅として使用。借家人（複数）は戦中戦後の苦しい時期をこの建物のおかげで乗りこえ、ようやく生活もほぼ安定したところである。

地主 正当事由あり
借地人 借家人

正当事由

判断

第二審の東京高裁では、明渡しの必要性は認めながらも、借家人の必要性を考慮し、正当事由は認めませんでした。
ところが、上告審の最高裁は、「地上建物賃借人（借家人）の事情を参酌するのは不当」として原判決を破棄しました。

【参照判例】最高裁・昭和56年6月16日判決

正当事由の判断⑫
借家人の事情を考慮し正当事由なしとした例

★借地上の建物の賃借人（借家人）も正当事由の判断で考慮されるか？

〔地主側の事情〕
地主の家には、親子8名が住んでいて狭い。別地で営んでいる（居住は一緒）子供のカメラ屋を店舗拡張したい。

〔借地人側の事情〕
妻の妹に建物を貸して収入を得ている。

〔借家人（妻の妹など）の事情〕
妻の妹はその建物で酒・タバコの販売を始め彼女の妹夫婦に住み込みで働いてもらい給料を払っていた。明渡しが認められれば営業の場を失い、住居にも窮する。

判　　　断

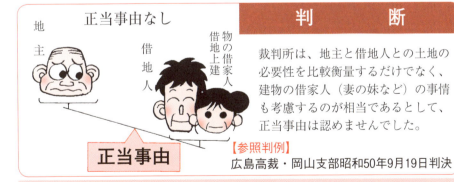

裁判所は、地主と借地人との土地の必要性を比較衡量するだけでなく、建物の借家人（妻の妹など）の事情も考慮するのが相当であるとして、正当事由は認めませんでした。

【参照判例】
広島高裁・岡山支部昭和50年9月19日判決

☆前ページの事例よりも古い事件の下級審の判決です。参考のために掲載しました。現在、争いになればどうなったか分からない事件です。最高裁判所は、前記判例以外も、借家人の事情は斟酌することは許されない、としています（昭和58年1月20日）。

高度利用・その他

/ 正当事由の判断 13

高度開発で正当事由が認められた例

★地主が土地を有効利用したいと明渡しを求めた…

● 大正年間に造られた古い木造建物。安い地代。周辺は、高層ビルが建ち並ぶ繁華街。

〔借地人側の事情〕
借地人A…本件建物で印刷業。年収400万（昭和52年）。
借地人B…本件建物を他に賃貸。
借地人C…収入も少なく、他に資産もない。
借地人D…他に幾多の不動産を所有。

〔地主側の事情〕
土地の返還を受けてビルを建築したい。具体的計画もある。

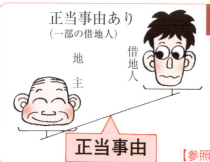

判　　断

裁判所は、固定資産税にも満たない低額な賃料で、借地人は土地の利用を十分享受した、として、借地人A、Cに立退料を提供することを条件に正当事由を認めましたが、借地人B、Dについては立退料なしで正当事由を認めました。

【参照判例】福岡高裁・昭和54年12月20日判決

正当事由の判断 14

控訴審で立退料を提示し正当事由が認められた例

★明渡し訴訟で地主が一審敗訴。そして…

地主は一審で敗訴した後、控訴審では立退料1500万円を補強条件として加えてきました。
控訴審でのこの補強が、正当事由の判断材料に加えていいかどうかが争点になりました。

判断

裁判所は金員給付の申し出が期間満了後遅滞なく行なわれたものであれば、正当事由の判断材料になる、としました。つまり、控訴審で補強をしても遅くない、というわけなのです。

【判例】名古屋高裁金沢支部・昭和52年9月7日判決

正当事由の判断 15
立退料の額を示し正当事由を認めた例

★無条件で正当事由ありとして明渡しは無理。補強条件として立退料の金額が問題になった。

1㎡ 27万3600円
105.78㎡

借地権価格 更地価格の75%
―引く―
借地権譲渡の承諾料 借地権価格の10%

いくら出すの?

◆立退料は…
借地権相当額－承諾料
27万3600円×0.75＝20万5200円
20万5200円×105.78(面積)×0.9
(借地権譲渡の承諾料を控除)
≒1,953万円

裁判所

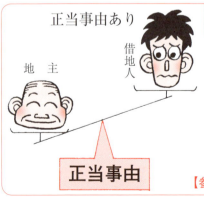

正当事由あり
地主 借地人
正当事由

判　断

裁判所は、「原告(地主)において無条件で被告(借地人)に本件土地の明渡しを求められる程度の正当事由が存するものとは認め難いが、相当の立退料を提供するならば正当事由が具備される」とし、1,953万円の立退料の提供によって明渡しを認めました。

【参照判例】東京地裁・昭和55年4月22日判決

第5章
借地紛争と解決法

借地紛争では、借地人が造った建物を失うことになるかもしれません。問題が起きたら慎重かつ早期の対応が必要ですが、訴訟となることもあります。

本章では、借地紛争を解決する手段について解説します。借地紛争は金銭的にも大きく一つ間違えば打撃も大きいですので、専門家への依頼も考えましょう。

♣紛争は早めに解決するのがポイント

1. 紛争の実態と解決はどうするか

★紛争を解決する手段としては、話合いによる解決、調停による解決、訴訟による解決などがあり、それぞれ特長があります。

どんな紛争の解決法があり
どのような手続き内容になっているか?

●借地の紛争と解決法はどうなっているか？

1. 地代の増減のトラブル ➡ 調停の申立て（調停前置主義）➡ 訴訟
2. 借地契約の違反のトラブル ➡ 調停あるいは訴訟（借地非訟事件除く）
3. 更新拒絶・立退きに関するトラブル ➡ 調停あるいは訴訟
4. ・借地条件の変更の許可
   ・増改築の許可
   ・建物再築の許可
   ・賃借権の譲渡・転貸 } 借地非訟事件手続きの申立て

●紛争が起きたときの相談先はどこか？

☆各都道府県の法律相談所 ➡ 各都道府県では専門の相談員を置いて法律相談に応じている。
☆弁護士会の法律相談所 ➡ 各地の弁護士会では、法律相談センターを設け有料で相談に応じている。
☆日本司法支援センター（愛称＝法テラス）
　法テラスは全国50カ所にあり、法律情報の提供（相談先紹介や解決手続き案内）、また、司法扶助として、一定の条件に該当するする人に法律相談・弁護士のあっせん・訴訟費用の援助などを行っている。コールセンター☎0570-078374

●紛争解決手続きの内容

■これでは何も解決しません。

1 話合いによる解決

問題が起きた場合には、まず話合いによって解決することが望ましい。しかし、借地問題となると利害が複雑に対立する場合が多く、かつ財産的価値も大きいことから、話合いによる解決には限界がある場合もある。

2 支払督促による解決

借地の賃料に滞納があるなどの場合には、裁判所に申し立てて督促状を発付してもらうことができる。これは訴訟手続と異なり、債務者を審尋しないで発せられるという迅速なものだが、相手より異議の申立てがあると訴訟へ移行する。⇒詳細142ページ参照

3 民事調停による解決

民事に関する紛争について、訴訟によって争うことを避け、当事者が互いに譲歩して条理にかない実情に合った解決をすることを目的としているのが民事調停である（民事調停法1条）。

なお、借地借家法の施行により、地代紛争（値上げ・値下げ）では、訴訟の前に調停の申立が義務づけられた。⇒詳細144ページ参照

4 訴訟による解決

訴訟とは、紛争・利害の衝突を法律的に調整して解決するために、公権力により利害関係者を当事者として関与させて判決により決着させる手続きをいう。訴訟の目的の価額が140万円以下は簡易裁判所、140万円超は地方裁判所に申立てる。⇒詳細146ページ参照

5 裁判上の和解による解決

裁判上の和解とは、紛争当事者が裁判官の面前においてお互いの主張を譲歩して争いをやめることをいう。訴え提起前の和解（即決和解）と訴訟上の和解があり、訴え提起前の和解も、和解条項が確定判決と同じ効力を有することから、相手に約束を確実に守らせるために利用される場合もある。

6 借地非訟事件手続による解決

借地非訟事件は、借地借家法41条、42条に列挙された事項
①事情変更による借地条件変更
②増改築での地主の承諾に代わる許可
③賃借権の譲渡・転貸での地主の承諾に代わる許可

などの裁判をするための手続きである。この裁判では、裁判所が借地関係に積極的に介入し、合目的、公平的見地から強制的に問題解決するというものである。⇒詳細150ページ参照

2. 支払督促の申し立てと手続き

★地代などの債務が滞った場合、訴訟よりも迅速・簡易な督促手段として支払督促の申立てがある。ただし、異議申立てがあれば通常訴訟に移行します。

●地代の滞納などで利用

支払督促とは、裁判所を通した簡易・迅速な手続きによって債権回収をする制度で、この制度を督促手続きという。賃料や敷金返還など、金銭や有価証券などの一定数量の給付を目的とするものに限られる(民事訴訟法382条)。

●支払督促を申し立てる手続き

- 支払督促申立書を、債務者の住所地を管轄する簡易裁判所の書記官宛に提出する。
- 手続き費用は、申立書の貼用印紙代、当事者双方への送達費用、書類作成費用、申立書提出費用などがある。貼用印紙額については次ページ参照。
- 相手が行方不明のときは、この手続きは利用できない。異議申立ての機会が保証されなければならないからである。

提 出

・支払督促の申立てが適法であり、申立書の記載によって理由があると認められるときは裁判所は証拠調べをすることなく支払督促を発する。

支払督促

簡易裁判所

- 支払督促は裁判所より債務者に送達され、送達後2週間以内に債務者から異議申立てがなければそれから30日以内に債権者の申立てによって仮執行宣言を付す。
- この仮執行宣言付支払督促が債務者に送達され、2週間以内に債務者から異議申立てがないと仮執行宣言付支払督促は確定し、これは確定判決と同一の効果がある。

★支払督促は簡単迅速な手続きで、これによって強制執行をするための債務名義を取得できる。しかし、異議申立てがあると通常訴訟に移行(管轄裁判所は、訴額が140万円以下は債務者の住所地を管轄する簡易裁判所、140万円超は地方裁判所)。

[支払督促申立書のサンプル]

支払督促申立書

請求事件

当事者の表示　別紙当事者目録記載のとおり
請求の趣旨及び原因　別紙請求の趣旨及び原因記載のとおり

「債務者　は、債権者に対し、請求の趣旨記載の金額を支払」
との支払督促を求める。

申立手続費用　金　　　　　　　　　円
内訳
　申立手数料(印紙)　　　　　　　　円
　支払督促正本送達費用　　　　　　円
　支払督促発付通知費用(郵便切手)　円
　申立書作成及び提出費用　　　　　円
　資格証明手数料　　　　　　　　　円

令和　　年　　月　　日

住所：〒
(所在地)

電話(　　)
(FAX(　　))

債権者氏名：
(名称及び代表者の資格・氏名)

簡易裁判所　裁判所書記官　殿

添付書類　□資格証明書　　　通
　　　　　□　　　　　　　　通

価額　　　　　　　　　円
貼用印紙　　　　　　　円
郵便切手　　　　　　　円
葉書　　　　　　　　　枚

受付印

貼用印紙　　　円
郵便切手　　　円
葉書　　　　　枚

※ 上記用紙については、太い黒線内について記入してください。
　項目を選択する場合には、□欄に「レ」をつけてください。

請求の趣旨

1　金　　　　　　　円
2　上記金額に対する
　　□令和　　年　　月　　日
　　□支払督促送達の日の翌日
　　から完済まで年　　パーセントの割合による遅延損害金
3　金　　　　　　　円(申立手続費用)

請求の原因

債権者が　□債務者
　　　　　□申立外

に賃貸した下記物件の賃料
　①賃貸借契約の日　令和　　年　　月　　日
　②物件の所在

　③賃料月額　　　　　　円
　④賃料支払方法
　⑤連帯保証人　□なし　□債務者
　⑥賃料未払期間　令和　　年　　月　　日から
　　　　　　　　　令和　　年　　月　　日まで
　⑦遅延損害金　□定めあり(利率　　)　□定めなし

支払督促申立てにかかる費用 (貼用印紙)

請求金額　　　　　　　　　　　　　　　貼用印紙額
100万円まで　　　　　　　　　　　　　10万円までごとに　　　500円
100万円をこえ、500万円までの部分については　20万円までごとに　　　500円
500万円をこえ、1,000万円までの部分については　50万円までごとに　1,000円
以下10億円まで　　　　　　　　　　　100万円までごとに　1,500円
以下50億円まで　　　　　　　　　　　500万円までごとに　5,000円
以下50億円超　　　　　　　　　　　1,000万円までごとに　5,000円

※当事者目録は省略

143

3. 調停の申し立ての仕方と手続き

★借地借家法により地代紛争は必ず調停の申立てをすることになりました。

●裁判所での話し合いによる紛争解決

調停とは、紛争を解決するための調停機関が、紛争の当事者を仲介あっ旋し、話合いによる合意が成立するよう努力し、合意により紛争を解決することです。なお、地代紛争では調停前置主義がとられ、いきなり訴訟はできません。

●調停の手続きはどのようにするか？

- 宅地建物調停事件の申立ては、紛争の目的となっている土地建物の所在地を管轄する簡易裁判所、または地方裁判所（当事者が合意で定めた場合）。
- 申立ては口頭でもできることになっているが、実際はほとんどが書面（内容は次ページ参照）である。
- 費用は訴訟の場合の4～5割程度と安い。

- 調停の申立てがあると、調停委員会は調停期日を定めて当事者を呼び出す。調停は本人出頭主義がとられているので、正当な理由がなく出頭しないと5万円以下の過料に処せられる（民事調停法34条）。

簡易裁判所

- 調停が成立すれば、確定判決と同一の効力があり、控訴・上告などの申立ては許されない。
- また、調停条項を履行しなければ、調停調書を債務名義として、強制執行ができる。

【調停不成立】
調停による話合いが不調に終わると、訴訟による解決の方法しか残されない。

〔地代改定の調停申立書〕

調停事項の価額	円
ちょう用印紙	円
手数料納付手	円

宅地・建物
受付印

印紙欄
（割印はしないでください）

調 停 申 立 書

簡易裁判所　御中

（資料等）

作成年月日　令和　年　月　日

申立人
住所（所在地）（〒　-　）
氏名（会社名・代表者名）
（FAX　-　-　）㊞

相手方
住所（所在地）（〒　-　）
氏名（会社名・代表者名）（☎　-　-　）

相手方
住所（所在地）（〒　-　）
氏名（会社名・代表者名）（☎　-　-　）

申立ての趣旨
（該当する数字を○印で囲んでください。）
相手方は申立人に対して
1　賃料を、平成　年　月分から
　(1) 月額金　円 (2) 相当額に増額する
2　賃料金を、平成　年　月分から
　(1) 月額金　円 (2) 相当額に減額する
3　未払賃料金　円を支払うこと
との調停を求める。

紛争の要点
1　賃貸借契約の内容
　(1) 契約当事者氏名　賃貸人　　　賃借人
　(2) 賃貸（借）物件　別紙物件目録記載のとおり
　(3) 賃貸（借）日　令和　年　月　日
　(4) 期　間
　(5) 賃　料　1箇月金　　円
　　　　　　（平成　年　月　日から）
　(6) 連帯保証人氏名
　(7) 特　約

2　賃料改定の理由（該当する数字及び箇所を○印で囲んでください。）
　(1) （土地・建物）に対する税金が（上・下）がった。
　(2) （土地・建物）の価格が（上・下）がった。
　(3) 近隣の（土地・建物）と比較して賃料が（低・高）額である。
　(4) その他（具体的に書いてください。）

3　未払賃料
　令和　年　月分から令和　年　月分まで合計金　　円

4　供託の有無（該当する箇所を○印で囲んでください。）
　（相手方・申立人）は、平成　年　月分から毎月金　　円を
　　法務局　　　　　　　　　　　に供託している。
　その他

5　添付書類　賃貸借契約書写し　　　通　　不動産登記簿謄（抄）本　通
　　　　　　　評価証明書　　　　　通

※物件目録（土地）省略

※簡易裁判所には、書式が用意されていますので、それを利用されるのもよいでしょう。

※民事調停の裁判所の手数料⇒149ページ参照

4. 訴訟の仕方はどのようにするか

★訴訟により判決を得ると、判決を債務名義として、相手方に対して、強制執行をすることができます。

●裁判所の判決による紛争解決

紛争が起きて当事者間で話合いがつかないときは、私人の実力行使は許されず、公権力（裁判）によって判決を得て、それを債務名義として強制執行などの権利の行使をしなければならない。

●訴訟の手続きはどうするか？

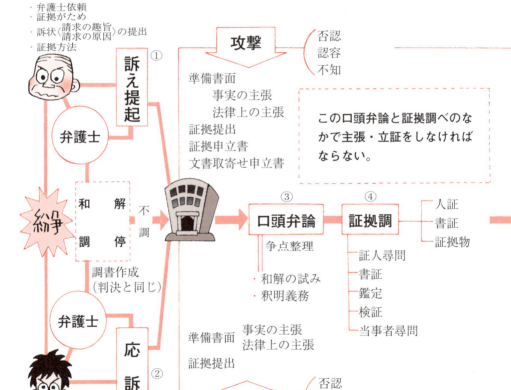

▶訴状の提出ではじまる

　民事訴訟は「訴状」という書面を作成して、管轄裁判所へ提出する①ことによって開始されます。訴訟では、この訴状に記載された権利主張だけが判断の対象とされ、裁判所は原則として原告の権利主張の当否を判断するだけで、これを超えて裁判をすることは許されないことになっています。

▶答弁書で反論する

　原告の提出する訴状に対応するものが、被告の提出する答弁書です。被告は、裁判所から指定された期日までに答弁書を提出し、これに、被告としての反論を詳しく記載②します。作成に当たっては、訴状を十分に検討し、認める点は認める旨を、否認する点は否認、争う点は争うと明記しておくことが必要です。また、自分の知らない点は、不知と記載します。

▶証拠調で立証する

　訴訟で、当事者間に言い分の上で争いのある部分について、証拠調④が行なわれます。証拠調には㋐証人尋問、㋑鑑定、㋒書証、㋓検証、㋔当事者尋問（本人尋問）があります。

▶判決の言渡し

　証拠調が終わると口頭弁論は終結し、判決⑦の言渡しの日が指定されます。判決期日には、"主文『被告は原告に対し金500万円を支払え。訴訟費用は被告の負担とする』"というように読み上げ、これで言渡しを完了します。判決書が送られた後、14日以内に控訴されないと、この判決は確定し⑨、判決内容が実行されないとこれを機に強制執行⑩に入ることになります。

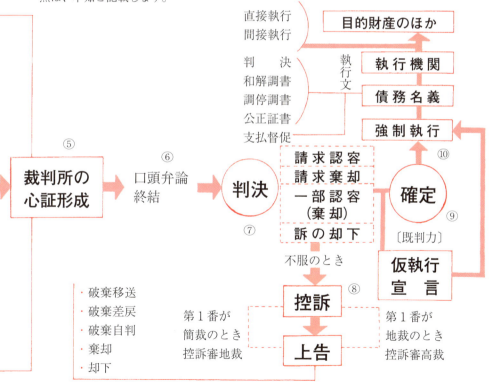

※訴訟の裁判所の手数料⇒149ページ参照

[訴状のサンプル]

訴　　状

令和□年□月□日
原告　甲　野　太　郎　㊞

○○地方裁判所御中

都道府県市区町村番地（送達場所）
電　話
ＦＡＸ
原告　甲　野　太　郎
都道府県市区町村番地
電　話
ＦＡＸ
被告　乙　野　次　郎

　　建物収去土地明渡請求事件
1．訴訟物の価額　　金□□□円也
2．貼用印紙額　　　金□□□円也
　　　請求の趣旨
　被告は原告に対し別紙物件目録(1)記載の建物を収去して、別紙物件目録記載(2)の土地を明渡し且つ令和□年□月□日より明渡しずみまで1カ月金□□円の割合による金員を支払え。
　訴訟費用は被告の負担とする
との判決並びに仮執行の宣言を求める。
　　　請求の原因
1．原告は別紙物件目録(2)記載の土地を令和□年□月□日、次のごとき約定で被告に賃貸した。
　(1)　賃料1カ月□円毎月末日限り
　(2)　期間、契約の日から向こう20年
2．被告は、令和□年□月より同月分以降の賃料の支払いをせず、原告は令和□年□月□日に被告に対し内容証明郵便にて、滞納賃料合計金□□□円を同年□月□日までに支払うように催告し、期限までに支払わないときは、前記の賃貸借契約を解除する旨の通告をなし、通告は同月□日被告に到達した。しかし、被告はこの期限を過ぎてもその支払いをしないため、前記賃貸借契約は同月□日をもって解除された。
3．よって、原告は被告に対し本件土地の明渡しと、□月以降、明渡完了まで1カ月金□円也の賃料相当額の損害金の支払いを求めるため本訴請求に及んだ次第である。
　　　証拠方法
1．甲第1号証（土地賃貸借契約書）
2．甲第2号証（内容証明郵便）
　その他必要に応じ立証する
　　　付属書類
1．甲1、甲2号証写　各1通
　（代理人の場合は委任状1通）
　　　　　　　―別紙物件目録(1)(2)省略―

☆一応のサンプルですが、事情により内容は種々です。訴訟を行なうには専門知識を有する弁護士に依頼した方がよいでしょう。

■訴訟・調停等の申立手数料額（貼用印紙額）

訴　額	訴状・反訴状・独立当事者参加の申出書・共同訴訟参加の申出書	控訴状（請求について判断しなかった判決に対するものを除く）	上告状（請求について判断しなかった判決に対するものを除く）	支払督促申請書・異議申立により本訴になったときの追加額	和解から本訴になったときの追加額（和解の申立て2,000円）	民事調停による申立書	調停から本訴になったときの追加額
万円 10	10万円までごとに1,000円	円 1,000	円 1,500	円 2,000	円 500	円 0	円 500	円 500
20		2,000	3,000	4,000	1,000	0	1,000	1,000
30		3,000	4,500	6,000	1,500	1,000	1,500	1,500
40		4,000	6,000	8,000	2,000	2,000	2,000	2,000
50		5,000	7,500	10,000	2,500	3,000	2,500	2,500
60		6,000	9,000	12,000	3,000	4,000	3,000	3,000
70		7,000	10,500	14,000	3,500	5,000	3,500	3,500
80		8,000	12,000	16,000	4,000	6,000	4,000	4,000
90		9,000	13,500	18,000	4,500	7,000	4,500	4,500
100		10,000	15,000	20,000	5,000	8,000	5,000	5,000
120	20万円までごとに1,000円	11,000	16,500	22,000	5,500	9,000	5,500	5,500
140		12,000	18,000	24,000	6,000	10,000	6,000	6,000
160		13,000	19,500	26,000	6,500	11,000	6,500	6,500
180		14,000	21,000	28,000	7,000	12,000	7,000	7,000
200		15,000	22,500	30,000	7,500	13,000	7,500	7,500
220		16,000	24,000	32,000	8,000	14,000	8,000	8,000
240		17,000	25,500	34,000	8,500	15,000	8,500	8,500
260		18,000	27,000	36,000	9,000	16,000	9,000	9,000
280		19,000	28,500	38,000	9,500	17,000	9,500	9,500
300		20,000	30,000	40,000	10,000	18,000	10,000	10,000
320		21,000	31,500	42,000	10,500	19,000	10,500	10,500
340		22,000	33,000	44,000	11,000	20,000	11,000	11,000
360		23,000	34,500	46,000	11,500	21,000	11,500	11,500
380		24,000	36,000	48,000	12,000	22,000	12,000	12,000
400		25,000	37,500	50,000	12,500	23,000	12,500	12,500
420		26,000	39,000	52,000	13,000	24,000	13,000	13,000
440		27,000	40,500	54,000	13,500	25,000	13,500	13,500
460		28,000	42,000	56,000	14,000	26,000	14,000	14,000
480		29,000	43,500	58,000	14,500	27,000	14,500	14,500
500		30,000	45,000	60,000	15,000	28,000	15,000	15,000
550	50万円までごとに2,000円	32,000	48,000	64,000	16,000	30,000	16,000	16,000
600		34,000	51,000	68,000	17,000	32,000	17,000	17,000
650		36,000	54,000	72,000	18,000	34,000	18,000	18,000
700		38,000	57,000	76,000	19,000	36,000	19,000	19,000
750		40,000	60,000	80,000	20,000	38,000	20,000	20,000
800		42,000	63,000	84,000	21,000	40,000	21,000	21,000
850		44,000	66,000	88,000	22,000	42,000	22,000	22,000
900		46,000	69,000	92,000	23,000	44,000	23,000	23,000
950		48,000	72,000	96,000	24,000	46,000	24,000	24,000
1,000		50,000	75,000	100,000	25,000	48,000	25,000	25,000
1,000万円超10億円まで 100万円までごとに		3,000	4,500	6,000	1,500	3,000	1,200	1,800
10億円超50億円まで 500万円までごとに		10,000	15,000	20,000	5,000	10,000	4,000	6,000
50億円超 1,000万円までごとに		10,000	15,000	20,000	5,000	10,000	4,000	6,000

▶この他にも予納郵券（郵便切手）が必要です。裁判所の窓口で確認してください。

5. 借地非訟事件手続による解決

★借地上の建物の増改築や借地上の建物の譲渡に関する争いなどが頻繁に生じるようになったため、借地非訟による紛争解決の手続が制定されました。

1 建物の増改築や譲渡になどに地主が承諾しないとき

昭和41年、借地法の改正で、借地に関する紛争を事前に防止し、当事者の利害を調整して、合理的な解決を図る目的で規定が新設された。

2 借地非訟事件による各種の手続き

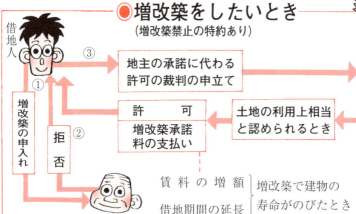

▶増改築したい

借地契約書には、増改築禁止の特約があるのが多く、これをタテに地主が承諾しない場合にも、裁判所に地主の承諾に代わる許可の申立てをして増改築ができます。ただ、両者の利害の衡平を図るため地代の増額等を命ぜられるのが普通です。

なお、借地借家法では、更新後における再建築についての承諾に代わる許可の規定が新しく設けられました（18条）。

▶堅固な建物に建て替えたい

借地の近辺が防火地域になったり、あるいは高層ビルが立ち並ぶなど利用状況が変わった場合に、木造家屋を鉄筋のビルに建て替えようと思っても地主が承諾しないときは、裁判所に借地条件の変更の申立てをして建て替えることができます。この場合も当事者の衡平を図るための承諾料等の支払いを命ぜられることが多いようです。

▶借地上の建物を譲渡したい

借地上の建物を譲渡すれば当然借地権も付着して譲渡されることになります。地主にとって不利でもないのに借地権の譲渡を承諾しない場合は、地主の承諾に代わる許可の申立てをすることができます。この場合も承諾料等の支払いを命ぜられるのが普通です。なお、地主も自ら建物及び借地権を買受ける申立てをしてそれらの権利を買取ることができます。

▶競売で借地上の建物を取得したとき

借地上の建物を競売で取得したときは、買受人は、借地上の建物の譲渡と同様、地主に不利な状況にないのに地主が承諾しないときは裁判所に地主の承諾に代わる許可を求めることができます。この場合も承諾料等の支払いを命ぜられることが多く、また地主はこれらを買取ることもできます。

▶鑑定委員会

裁判所は、前に述べたような許可ないし承諾をするには、原則として鑑定委員会の意見を聴く必要があります。土地の利用状況・価格等につきその筋の専門家の意見を徴するのが妥当だからです。

●建物の構造をかえたいとき

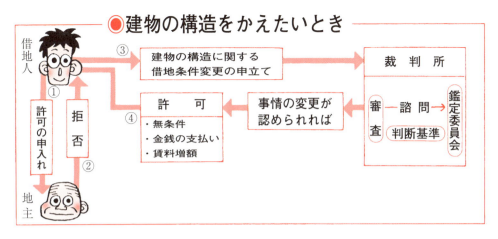

●譲渡または転貸したいとき

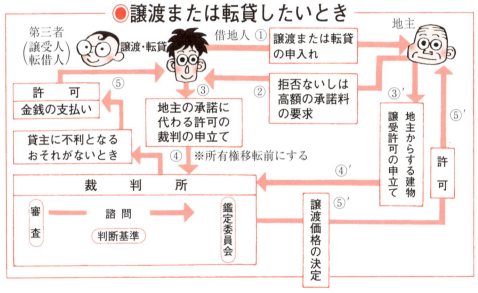

●競売で借地上の建物を取得したとき

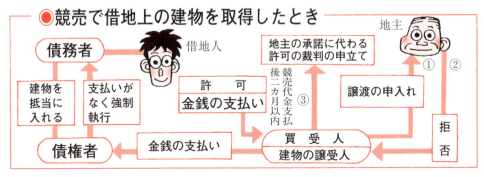

6. 各種の専門家と頼み方

★借地については多くの専門家がいます。トラブルとなった場合は通常は弁護士、登記のことについては司法書士、税金のことは税理士、などです。

● 弁 護 士　借地のトラブルで相談や訴訟にしたいときなどには弁護士に頼むことになります。弁護士は訴訟代理人や法律相談など、報酬を得て事件処理や法律事務を行うことを公認された法律の専門家です。弁護士は○○法律事務所、○○弁護士法人において執務していますが、弁護士に知り合いがいなければ、法律相談センターでまず相談をして事件を依頼するかどうかを決めるとよいでしょう。報酬（費用）については各弁護士・弁護士法人が各自定めることになっていますので、依頼前に確認するようにしてください。
▷法律相談センター⇒ひまわりお悩み110番　☎0570－783－110

● 司法書士　司法書士は、借地や借地上の建物の登記をする場合などのときには、本人でもできますが、通常は司法書士に依頼します。このように司法書士は、依頼を受けて登記や供託などの手続を代理し、法務局などに提出する書類の作成などを業務とします。○○司法書士事務所、○○司法書士法人などの名称のところで執務しています。おな、一定の研修を終了した司法書士は簡易裁判所の訴訟手続（訴額が140万円以下）および民事調停等簡易裁判所が扱う事件について依頼者の代理人となることができます。報酬（費用）については各弁護士・弁護士法人が定めることになっていますので、依頼前に確認するようにしてください。
▷日本司法書士会連合会⇒☎03-3359-4171
※各地の司法書士会には「司法書士総合相談センター」がある

● 税 理 士　税金についての専門家が税理士です。借地を含む相続などで、税金に困ったら税理士に相談・依頼するとよいでしょう。借地の譲渡などで税金がいくらになるかわからないなどの場合も同様です。各地に税理士会があり、税理士会では期日を決めて税務相談に応じています。税務相談は無料の場合が多いようです。なお、税金で困った場合は、直接、税務署に相談するという方法もあります。国税税務相談は、所轄の税務署に電話をすれば自動音声で案内がなされます。
▷日本税理士会連合会　☎03-5435-0931
※東京税理士会納税者支援センター（無料）　☎03-3356-7137

● そ の 他　借地の価格などの評価については、不動産鑑定士に依頼することになります。また、借地上に建物を建てた場合には表題登記をする必要がありますが、この登記および調査は土地家屋調査士がおこないます。通常、建築会社などが紹介してくれます。いずれも、各地に会があり、そこで相談するとよいでしょう。
▷日本不動産鑑定士協会連合会　☎03-3434-2301
　※各地の協会の不動産相談所（例）東京:☎03-5472-1120
▷日本土地家屋調査士会連合会　☎03-3292-0050
　※（例）東京土地家屋調査士無料相談 ☎03-3295-0587

※法テラス（日本司法支援機構、☎0570－078374）に連絡すると、相談内容に応じて、専門家を紹介してくれます。

全国の弁護士会の電話番号一覧

弁 護 士 会 名	電 話 番 号	弁 護 士 会 名	電 話 番 号
日本弁護士会連合会	03－3580－9841	福井弁護士会	0776－23－5255
札 幌 弁 護 士 会	011－281－2428	金 沢 弁 護 士 会	076－221－0242
函 館 弁 護 士 会	0138－41－0232	富山県弁護士会	076－421－4811
旭 川 弁 護 士 会	0166－51－9527	大 阪 弁 護 士 会	06－6364－0251
釧 路 弁 護 士 会	0154－41－0214	京 都 弁 護 士 会	075－231－2378
仙 台 弁 護 士 会	022－223－1001	兵庫県弁護士会	078－341－7061
福島県弁護士会	024－534－2334	奈 良 弁 護 士 会	0742－22－2035
山形県弁護士会	023－622－2234	滋 賀 弁 護 士 会	077－522－2013
岩 手 弁 護 士 会	019－651－5095	和歌山弁護士会	073－422－4580
秋 田 弁 護 士 会	018－862－3770	広 島 弁 護 士 会	082－228－0230
青森県弁護士会	017－777－7285	山口県弁護士会	083－922－0087
東 京 弁 護 士 会	03－3581－2201	岡 山 弁 護 士 会	086－223－4401
第一東京弁護士会	03－3595－8585	鳥取県弁護士会	0857－22－3912
第二東京弁護士会	03－3581－2255	島根県弁護士会	0852－21－3225
神奈川県弁護士会	045－211－7707	香 川 弁 護 士 会	087－822－3693
埼 玉 弁 護 士 会	048－863－5255	徳 島 弁 護 士 会	088－652－5768
千葉県弁護士会	043－227－8431	高 知 弁 護 士 会	088－872－0324
茨城県弁護士会	029－221－3501	愛 媛 弁 護 士 会	089－941－6279
栃木県弁護士会	028－689－9000	福岡県弁護士会	092－741－6416
群 馬 弁 護 士 会	027－233－4804	佐賀県弁護士会	0952－24－3411
静岡県弁護士会	054－252－0008	長崎県弁護士会	095－824－3903
山梨県弁護士会	055－235－7202	大分県弁護士会	097－536－1458
長野県弁護士会	026－232－2104	熊本県弁護士会	096－325－0913
新潟県弁護士会	025－222－5533	鹿児島県弁護士会	099－226－3765
愛知県弁護士会	052－203－1651	宮崎県弁護士会	0985－22－2466
三 重 弁 護 士 会	059－228－2232	沖 縄 弁 護 士 会	098－865－3737
岐阜県弁護士会	058－265－0020		

※各弁護士会には法律相談センターがあり、ひまわりお悩み110番（☎0570-783-110）へ連絡すれば、最寄りの法律相談センターへつながります。

弁護士報酬等基準額

〈参考資料〉本規定は平成16年4月1日以降廃止され、各弁護士・弁護士法人が独自に制定。

■民事事件（着手金・報酬金）

事 件 等	着 手 金 ・ 報 酬 金		
(a) 訴訟事件、非訟事件、家事審判事件、行政審判等事件および仲裁事件	事件の経済的利益の額が	着手金	報酬金
	300万円以下の部分	8％	16％
	300万円を超え3000万円以下の部分	5％	10％
	3000万円を超え3億円以下の部分	3％	6％
	3億円を超える部分	2％	4％
	＊ 事件の内容により、それぞれ30％の範囲内で増減額できる		
	＊ 着手金の最低額は10万円。ただし、経済的利益の額が125万円未満の事件の着手金は、事情により10万円以下に減額することができる		
(b) 調停事件および示談交渉事件（裁判外の和解交渉）	(a)に準ずる		
	＊ それぞれにより算定された額の3分の2に減額できる		
	＊ 着手金の最低額は10万円。ただし、経済的利益の額が125万円未満の事件の着手金は、事情により10万円以下に減額できる		

【資料】
借地借家法と旧借地法の条文

●平成4年7月31日以前に借地関係にあったものについては旧借地法・建物保護法がおおむね適用になり、8月1日以降の借地契約については新しい借地借家法が適用になります。

第1章　総　則

（趣旨）
第1条　この法律は、建物の所有を目的とする地上権及び土地の賃借権の存続期間、効力等並びに建物の賃貸借の契約の更新、効力等に関し特別の定めをするとともに、借地条件の変更等の裁判手続に関し必要な事項を定めるものとする。

（定義）
第2条　この法律において、次の各号に掲げる用語の意義は、当該各号に定めるところによる。
1　借地権　建物の所有を目的とする地上権又は土地の賃借権をいう。
2　借地権者　借地権を有する者をいう。
3　借地権設定者　借地権者に対して借地権を設定している者をいう。
4　転借地権　建物の所有を目的とする土地の賃借権で借地権者が設定しているものをいう。
5　転借地権者　転借地権を有する者をいう。

> **借地法1条**　本法ニ於テ借地権ト称スルハ建物ノ所有ヲ目的トスル地上権及賃借権ヲ謂フ

第2章　借　地

第1節　借地権の存続期間等

（借地権の存続期間）
第3条　借地権の存続期間は、30年とする。ただし、契約でこれより長い期間を定めたときは、その期間とする。

> **借地法2条**　借地権ノ存続期間ハ石造、土造、煉瓦造又ハ之ニ類スル堅固ノ建物ノ所有ヲ目的トスルモノニ付テハ60年、其ノ他ノ建物ノ所有ヲ目的トスルモノニ付テハ30年トス但シ建物カ此ノ期間満了前朽廃シタルトキハ借地権ハ之ニ因リテ消滅ス
> ②契約ヲ以テ堅固ノ建物ニ付30年以上、其ノ他ノ建物ニ付20年以上ノ存続期間ヲ定メタルトキハ借地権ハ前項ノ規定ニ拘ラス其ノ期間ノ満了ニ因リテ消滅ス
> **借地法3条**　契約ヲ以テ借地権ヲ設定スル場合ニ於テ建物ノ種類及構造ヲ定メサルトキハ借地権ハ堅固ノ建物以外ノ建物ノ所有ヲ目的トスルモノト看做ス

（借地権の更新後の期間）
第4条　当事者が借地契約を更新する場合においては、その期間は、更新の日から10年とする。ただし、当事者がこれより長い期間を定めたときは、その期間とする。

> **借地法5条**　当事者カ契約ヲ更新スル場合ニ於テハ借地権ノ存続期間ハ更新ノ時ヨリ起算シ堅固ノ建物ニ付テハ30年、其ノ他ノ建物ニ付テハ20年トス此ノ場合ニ於テハ第2条第1項但書ノ規定ヲ準用ス
> ②当事者カ前項ニ規定スル期間ヨリ長キ期間ヲ定メタルトキハ其ノ定ニ従フ

（借地契約の更新請求等）
第5条　借地権の存続期間が満了する場合において、借地権者が契約の更新を請求したときは、建物がある場合に限り、前条の規定によるもののほか、従前の契約と同一の条件で契約を更新したものとみなす。ただし、借地権設定者が遅滞なく異議を述べたときは、この限りでない。
2　借地権の存続期間が満了した後、借地権者が土地の使用を継続するときも、建物がある場合に限り、前項と同様とする。
3　転借地権が設定されている場合においては、転借地権者がする土地の使用の継続を借地権者がする土地の使用の継続とみなして、借地権者と借地権設定者との間について前項の規定を適用する。

> **借地法4条**　借地権消滅ノ場合ニ於テ借地権者カ契約ノ更新ヲ請求シタルトキハ建物アル場合ニ限リ前契約ト同一ノ条件ヲ以テ更ニ借地権ヲ設定シタルモノト看做ス但シ土地所有者カ自ラ土地ヲ使用スルコトヲ必要トスル場合其ノ他正当ノ事由アル場合ニ於テ遅滞ナク異議ヲ述ヘタルトキハ此ノ限ニ在ラス
> ③第5条第1項ノ規定ハ第1項ノ場合ニ之ヲ準用ス
> **借地法6条**　借地権者借地権ノ消滅後土地ノ使用ヲ継続スル場合ニ於テ土地所有者カ遅滞ナク異

> 議ヲ述ヘサリシトキハ前契約ト同一ノ条件ヲ
> 以テ更ニ借地権ヲ設定シタルモノト看做ス此
> ノ場合ニ於テハ前条第1項規定ヲ準用ス
> ②前項ノ場合ニ於テ建物アルトキハ土地所有者
> ハ第4条第1項但書ニ規定スル事由アルニ非
> サレハ異議ヲ述フルコトヲ得
> 第8条　前2条ノ規定ハ借地権者カ更ニ借地権
> ヲ設定シタル場合ニ之ヲ準用ス

（借地契約の更新拒絶の要件）
第6条　前条の異議は、借地権設定者及び借地権者（転借地権者を含む。以下この条において同じ。）が土地の使用を必要とする事情のほか、借地に関する従前の経過及び土地の利用状況並びに借地権設定者が土地の明渡しの条件として又は土地の明渡しと引換えに借地権者に対して財産上の給付をする旨の申出をした場合におけるその申出を考慮して、正当の事由があると認められる場合でなければ、述べることができない。

> 借地法4条　…………但シ土地所有者カ自ラ
> 土地ヲ使用スルコトヲ必要トスル場合其ノ他
> 正当ノ事由アル場合ニ於テ遅滞ナク異議ヲ述
> ヘタルトキハ此ノ限ニ在ラス
> 第6条
> ②前項ノ場合ニ於テ建物アルトキハ土地所有者
> ハ第4条第1項但書ニ規定スル事由アルニ非
> サレハ異議ヲ述フルコトヲ得

（建物の再築による借地権の期間の延長）
第7条　借地権の存続期間が満了する前に建物の滅失（借地権者又は転借地権者による取壊しを含む。以下同じ。）があった場合において、借地権者が残存期間を超えて存続すべき建物を築造したときは、その建物を築造するにつき借地権設定者の承諾がある場合に限り、借地権は、承諾があった日又は建物が築造された日のいずれか早い日から20年間存続する。ただし、残存期間がこれより長いとき、又は当事者がこれより長い期間を定めたときは、その期間による。
2　借地権者が借地権設定者に対し残存期間を超えて存続すべき建物を新たに築造する旨を通知した場合において、借地権設定者がその通知を受けた後2月以内に異議を述べなかったときは、その建物を築造するにつき前項の借地権設定者の承諾があったものとみなす。ただし、契約の更新後（同項の規定により借地権の存続期間が延長された場合にあっては、借地権の当初の存続期間が満了すべき日の後。次条及び第18条において同じ。）に通知があった場合においては、この限りでない。
3　転借地権が設定されている場合においては、転借地権者がする建物の築造を借地権者がする建物の築造とみなして、借地権者と借地権設定者との間について第1項の規定を適用する。

> 借地法7条　借地権ノ消滅前建物カ滅失シタル
> 場合ニ於テ残存期間ヲ超エテ存続スヘキ建物
> ノ築造ニ対シ土地所有者カ遅滞ナク異議ヲ述
> ヘサリシトキハ借地権ハ建物滅失ノ日ヨリ起
> 算シ堅固ノ建物ニ付テハ30年間、其ノ他ノ建
> 物ニ付テハ20年間存続ス但シ残存期間之ヨリ
> 長キトキハ其ノ期間ニ依ル
> 第8条　前2条ノ規定ハ借地権者カ更ニ借地権
> ヲ設定シタル場合ニ之ヲ準用ス

（借地契約の更新後の建物の滅失による解約等）
第8条　契約の更新の後に建物の滅失があった場合においては、借地権者は、地上権の放棄又は土地の賃貸借の解約の申入れをすることができる。
2　前項に規定する場合において、借地権者が借地権設定者の承諾を得ないで残存期間を超えて存続すべき建物を築造したときは、借地権設定者は、地上権の消滅の請求又は土地の賃貸借の解約の申入れをすることができる。
3　前2項の場合においては、借地権は、地上権の放棄若しくは消滅の請求又は土地の賃貸借の解約の申入れがあった日から3月を経過することによって消滅する。
4　第1項に規定する地上権の放棄又は土地の賃貸借の解約の申入れをする権利は、第2項に規定する地上権の消滅の請求又は土地の賃貸借の解約の申入れをする権利を制限する場合に限り、制限することができる。
5　転借地権が設定されている場合においては、転借地権者がする建物の築造を借地権者がする建物の築造とみなして、借地権者と借地権設定者との間について第2項の規定を適用する。

（強行規定）
第9条　この節の規定に反する特約で借地権者に不利なものは、無効とする。

> 借地法11条　第2条、第4条乃至第8条ノ2、
> 第9条ノ2（第9条ノ4ニ於テ準用スル場合
> ヲ含ム）及前条ノ規定ニ反スル契約条件ニシ
> テ借地権者ニ不利ナルモノハ之ヲ定メサルモ

ノト看做ス

第2節　借地権の効力

（借地権の対抗力等）

第10条　借地権は、その登記がなくても、土地の上に借地権者が登記されている建物を所有するときは、これをもって第三者に対抗することができる。

2　前項の場合において、建物の滅失があっても、借地権者が、その建物を特定するために必要な事項、その滅失があった日及び建物を新たに築造する旨を土地の上の見やすい場所に掲示するときは、借地権は、なお同項の効力を有する。ただし、建物の滅失があった日から2年を経過した後にあっては、その前に建物を新たに築造し、かつ、その建物につき登記した場合に限る。

3　民法（明治29年法律第89号）第566条第1項及び第3項の規定は、前2項の規定により第三者に対抗することができる借地権の目的である土地が売買の目的物である場合に準用する。

4　民法533条の規定は、前項の場合に準用する。

建物保護法1条　建物ノ所有ヲ目的トスル地上権又ハ土地ノ賃借権ニ因リ地上権者又ハ土地ノ賃借人カ其ノ土地ノ上ニ登記シタル建物ヲ有スルトキハ地上権又ハ土地ノ賃貸借ハ其ノ登記ナキモ之ヲ以テ第三者ニ対抗スルコトヲ得

第2条　民法第566条第1項第3項及第571条ノ規定ハ前条ノ場合ニ之ヲ準用ス買主カ契約ノ当時知ラサリシ地上権又ハ賃借権ノ効力ノ存スル場合亦同シ

（地代等増減請求権）

第11条　地代又は土地の借賃（以下この条及び次条において「地代等」という。）が、土地に対する租税その他の公課の増減により、土地の価格の上昇若しくは低下その他の経済事情の変動により、又は近傍類似の土地の地代等に比較して不相当となったときは、契約の条件にかかわらず、当事者は、将来に向かって地代等の額の増減を請求することができる。ただし、一定の期間地代等を増額しない旨の特約がある場合には、その定めに従う。

2　地代等の増額について当事者間に協議が調わないときは、その請求を受けた者は、増額を正当とする裁判が確定するまでは、相当と認める額の地代等を支払うことをもって足りる。ただし、その裁判が確定した場合において、既に支払った額に不足があるときは、その不足額に年一割の割合による支払期後の利息を付してこれを支払わなければならない。

3　地代等の減額について当事者間に協議が調わないときは、その請求を受けた者は、減額を正当とする裁判が確定するまでは、相当と認める額の地代等の支払を請求することができる。ただし、その裁判が確定した場合において、既に支払を受けた額が正当とされた地代等の額を超えるときは、その超過額に年一割の割合による受領の時からの利息を付してこれを返還しなければならない。

借地法12条　地代又ハ借賃カ土地ニ対スル租税其ノ他ノ公課ノ増減若ハ土地ノ価格ノ昂低ニ因リ又ハ比隣ノ土地ノ地代若ハ借賃ニ比較シテ不相当ナルニ至リタルトキハ契約ノ条件ニ拘ラス当事者ハ将来ニ向テ地代又ハ借賃ノ増減ヲ請求スルコトヲ得但シ一定ノ期間地代又ハ借賃ノ増加セサルヘキ特約アルトキハ其ノ定ニ従フ

②地代又ハ借賃ノ増額ニ付当事者間ニ協議調ハザルトキハ其ノ請求ヲ受ケタル者ハ増額ヲ正当トスル裁判ガ確定スルニ至ルマデハ相当ト認ムル地代又ハ借賃ヲ支払フヲ以テ足ル但シ其ノ裁判ガ確定シタル場合ニ於テ既ニ支払ヒタル額ニ不足アルトキハ不足額ニ年一割ノ割合ニ依ル支払期後ノ利息ヲ附シテ之ヲ支払フコトヲ要ス

③地代又ハ借賃ノ減額ニ付当事者間ニ協議調ハザルトキハ其ノ請求ヲ受ケタル者ハ減額ヲ正当トスル裁判ガ確定スルニ至ルマデハ相当ト認ムル地代又ハ借賃ノ支払ヲ請求スルコトヲ得但シ其ノ裁判ガ確定シタル場合ニ於テ既ニ支払ヲ受ケタル額ガ正当トセラレタル地代又ハ借賃ヲ超ユルトキハ超過額ニ年一割ノ割合ニ依ル受領ノ時ヨリノ利息ヲ附シテ之ヲ返還スルコトヲ要ス

（借地権設定者の先取特権）

第12条　借地権設定者は、弁済期の到来した最後の2年分の地代等について、借地権者がその土地において所有する建物の上に先取特権を有する。

2　前項の先取特権は、地上権又は土地の賃貸借の登記をすることによって、その効力を保存する。

3　第1項の先取特権は、他の権利に対して優先する効力を有する。ただし、共益費用、不

動産保存及び不動産工事の先取特権並びに地上権又は土地の賃貸借の登記より前に登記された質権及び抵当権には後れる。
4　前３項の規定は、転借地権者がその土地において所有する建物について準用する。

> 借地法13条　土地所有者又ハ賃貸人ハ弁済期ニ至リタル最後ノ２年分ノ地代又ハ借賃ニ付借地権者カ其ノ土地ニ於テ所有スル建物ノ上ニ先取特権ヲ有ス
> ②前項ノ先取特権ハ地上権又ハ賃貸借ノ登記ヲ為スニ因リテ其ノ効力ヲ保存ス
> 第14条　前条ノ先取特権ハ他ノ権利ニ対シテ優先ノ効力ヲ有ス但シ共益費用不動産保存不動産工事ノ先取特権及地上権又ハ賃貸借ノ登記前登記シタル質権抵当権ニ後ル

（建物買取請求権）
第13条　借地権の存続期間が満了した場合において、契約の更新がないときは、借地権者は、借地権設定者に対し、建物その他借地権者が権原により土地に附属させた物を時価で買い取るべきことを請求することができる。
2　前項の場合において、建物が借地権の存続期間が満了する前に借地権設定者の承諾を得ないで残存期間を超えて存続すべきものとして新たに築造されたものであるときは、裁判所は、借地権設定者の請求により、代金の全部又は一部の支払につき相当の期限を許与することができる。
3　前２項の規定は、借地権の存続期間が満了した場合における転借地権者と借地権設定者との間について準用する。

> 借地法４条
> ②借地権者カ契約更新ナキ場合ニ於テハ時価ヲ以テ建物其ノ他借地権者カ権原ニ因リテ土地ニ附属セシメタル物ヲ買取ルヘキコトヲ請求スルコトヲ得

（第三者の建物買取請求権）
第14条　第三者が賃借権の目的である土地の上の建物その他借地権者が権原によって土地に附属させた物を取得した場合において、借地権設定者が賃借権の譲渡又は転貸を承諾しないときは、その第三者は、借地権設定者に対し、建物その他借地権者が権原によって土地に附属させた物を時価で買い取るべきことを請求することができる。

> 借地法10条　第三者カ賃借権ノ目的タル土地ノ上ニ存スル建物其ノ他借地権者カ権原ニ因リテ土地ニ附属セシメタル物ヲ取得シタル場合ニ於テ賃貸人カ賃借権ノ譲渡又ハ転貸ヲ承諾セサルトキハ賃貸人ニ対シ時価ヲ以テ建物其ノ他借地権者カ権原ニ因リテ土地ニ附属セシメタル物ヲ買取ルヘキコトヲ請求スルコトヲ得

（自己借地権）
第15条　借地権を設定する場合においては、他の者と共に有することとなるときに限り、借地権設定者が自らその借地権を有することを妨げない。
2　借地権が借地権設定者に帰した場合であっても、他の者と共にその借地権を有するときは、その借地権は、消滅しない。

（強行規定）
第16条　第10条、第13条及び第14条の規定に反する特約で借地権者又は転借地権者に不利なものは、無効とする。

> 借地法11条　第２条、第４条乃至第８条ノ２、第９条ノ２（第９条ノ４ニ於テ準用スル場合ヲ含ム）及前条ノ規定ニ反スル契約条件ニシテ借地権者ニ不利ナルモノハ之ヲ定メサルモノト看做ス

第３節　借地条件の変更等

（借地条件の変更及び増改築の許可）
第17条　建物の種類、構造、規模又は用途を制限する旨の借地条件がある場合において、法令による土地利用の規制の変更、付近の土地の利用状況の変化その他の事情の変更により現に借地権を設定するにおいてはその借地条件と異なる建物の所有を目的とすることが相当であるにもかかわらず、借地条件の変更につき当事者間に協議が調わないときは、裁判所は、当事者の申立てにより、その借地条件を変更することができる。
2　増改築を制限する旨の借地条件がある場合において、土地の通常の利用上相当とすべき増改築につき当事者間に協議が調わないときは、裁判所は、借地権者の申立てにより、その増改築についての借地権設定者の承諾に代わる許可を与えることができる。
3　裁判所は、前２項の裁判をする場合において、当事者間の利益の衡平を図るため必要があるときは、他の借地条件を変更し、財産上の給付を命じ、その他相当の処分をすることができる。
4　裁判所は、前３項の裁判をするには、借地

権の残存期間、土地の状況、借地に関する従前の経過その他一切の事情を考慮しなければならない。
5　転借地権が設定されている場合において、必要があるときは、裁判所は、転借地権者の申立てにより、転借地権とともに借地権につき第1項から第3項までの裁判をすることができる。
6　裁判所は、特に必要がないと認める場合を除き、第1項から第3項まで又は前項の裁判をする前に鑑定委員会の意見を聴かなければならない。

　（借地契約の更新後の建物の再築の許可）
第18条　契約の更新の後において、借地権者が残存期間を超えて存続すべき建物を新たに築造することにつきやむを得ない事情があるにもかかわらず、借地権設定者がその建物の築造を承諾しないときは、借地権設定者が地上権の消滅の請求又は土地の賃貸借の解約の申入れをすることができない旨を定めた場合を除き、裁判所は、借地権者の申立てにより、借地権設定者の承諾に代わる許可を与えることができる。この場合において、当事者間の利益の衡平を図るため必要があるときは、延長すべき借地権の期間として第7条第1項の規定による期間と異なる期間を定め、他の借地条件を変更し、財産上の給付を命じ、その他相当の処分をすることができる。
2　裁判所は、前項の裁判をするには、建物の状況、建物の滅失があった場合には滅失に至った事情、借地に関する従前の経過、借地権設定者及び借地権者（転借地権者を含む。）が土地の使用を必要とする事情その他一切の事情を考慮しなければならない。
3　前条第5項及び第6項の規定は、第1項の裁判をする場合に準用する。

　（土地の賃借権の譲渡又は転貸の許可）
第19条　借地権者が賃借権の目的である土地の上の建物を第三者に譲渡しようとする場合において、その第三者が賃借権を取得し、又は転借をしても借地権設定者に不利となるおそれがないにもかかわらず、借地権設定者がその賃借権の譲渡又は転貸を承諾しないときは、裁判所は、借地権者の申立てにより、借地権設定者の承諾に代わる許可を与えることができる。この場合において、当事者間の利益の衡平を図るため必要があるときは、賃借権の譲渡若しくは転貸を条件とする借地条件の変更を命じ、又はその許可を財産上の給付に係らしめることができる。

2　裁判所は、前項の裁判をするには、賃借権の残存期間、借地に関する従前の経過、賃借権の譲渡又は転貸を必要とする事情その他一切の事情を考慮しなければならない。
3　第1項の申立てがあった場合において、裁判所が定める期間内に借地権設定者が自ら建物の譲渡及び賃借権の譲渡又は転貸を受ける旨の申立てをしたときは、裁判所は、同項の規定にかかわらず、相当の対価及び転貸の条件を定めて、これを命ずることができる。この裁判においては、当事者双方に対し、その義務を同時に履行すべきことを命ずることができる。
4　前項の申立ては、第1項の申立てが取り下げられたとき、又は不適法として却下されたときは、その効力を失う。
5　第3項の裁判があった後は、第1項又は第3項の申立ては、当事者の合意がある場合でなければ取り下げることはできない。
6　裁判所は、特に必要がないと認める場合を除き、第1項又は第3項の裁判をする前に鑑定委員会の意見を聴かなければならない。
7　前各項の規定は、転借地権が設定されている場合における転借地権者と借地権設定者との間について準用する。ただし、借地権設定者が第3項の申立てをするには、借地権者の承諾を得なければならない。

　（建物競売等の場合における土地の賃借権の譲渡の許可）
第20条　第三者が賃借権の目的である土地の上の建物を競売又は公売により取得した場合において、その第三者が賃借権を取得しても借地権設定者に不利となるおそれがないにもかかわらず、借地権設定者がその賃借権の譲渡を承諾しないときは、裁判所は、その第三者の申立てにより、借地権設定者の承諾に代わる許可を与えることができる。この場合において、当事者間の利益の衡平を図るため必要があるときは、借地条件を変更し、又は財産上の給付を命ずることができる。
2　前条第2項から第6項までの規定は、前項の申立てがあった場合に準用する。
3　第1項の申立ては、建物の代金を支払った後2月以内に限り、することができる。
4　民事調停法（昭和26年法律第222号）第19条の規定は、同条に規定する期間内に第1項の申立てをした場合に準用する。
5　前各項の規定は、転借地権者から競売又は公売により建物を取得した第三者と借地権設定者との間について準用する。ただし、借地

権設定者が第2項において準用する前条第3項の申立てをするには、借地権者の承諾を得なければならない。

(強行規定)
第21条 第17条から第19条までの規定に反する特約で借地権者又は転借地権者に不利なものは、無効とする。

第4節　定期借地権等

(定期借地権)
第22条 存続期間を50年以上として借地権を設定する場合においては、第9条及び第16条の規定にかかわらず、契約の更新(更新の請求及び土地の使用の継続によるものを含む。次条第1項において同じ。)及び建物の築造による存続期間の延長がなく、並びに第13条の規定による買取りの請求をしないこととする旨を定めることができる。この場合においては、その特約は、公正証書による等書面によってしなければならない。

(事業用定期借地権等)
第23条 専ら事業の用に供する建物(居住の用に供するものを除く。次項において同じ。)の所有を目的とし、かつ、存続期間を30年以上50年未満として借地権を設定する場合においては、第9条及び第16条の規定にかかわらず、契約の更新及び建物の築造による存続期間の延長がなく、並びに第13条の規定による買取りの請求をしないこととする旨を定めることができる。

2　専ら事業の用に供する建物の所有を目的とし、かつ、存続期間を10年以上30年未満として借地権を設定する場合には、第3条から第8条まで、第13条及び第18条の規定は、適用しない。

3　前二項に規定する借地権の設定を目的とする契約は、公正証書によってしなければならない。

(建物譲渡特約付借地権)
第24条 借地権を設定する場合(前条第2項に規定する借地権を設定する場合を除く。)においては、第9条の規定にかかわらず、借地権を消滅させるため、その設定後30年以上を経過した日に借地権の目的である土地の上の建物を借地権設定者に相当の対価で譲渡する旨を定めることができる。

2　前項の特約により借地権が消滅した場合において、その借地権者又は建物の賃借人でその消滅後建物の使用を継続しているものが請求をしたときは、請求の時にその建物につきその借地権者又は建物の賃借人と借地権設定者との間で期間の定めのない賃貸借(借地権者が請求をした場合において、借地権の残存期間があるときは、その残存期間を存続期間とする賃貸借)がされたものとみなす。この場合において、建物の借賃は、当事者の請求により、裁判所が定める。

3　第1項の特約がある場合において、借地権者又は建物の賃借人と借地権設定者との間でその建物につき第38条第1項の規定による賃貸借契約をしたときは、前項の規定にかかわらず、その定めに従う。

(一時使用目的の借地権)
第25条 第3条から第8条まで、第13条、第17条、第18条及び第22条から前条までの規定は、臨時設備の設置その他一時使用のために借地権を設定したことが明らかな場合には、適用しない。

第3章　借家(26条〜40条省略)

第4章　借地条件の変更等の裁判手続

(管轄裁判所)
第41条 第17条第1項、第2項若しくは第5項(第18条第3項において準用する場合を含む。)、第18条第1項、第19条第1項(同条第7項において準用する場合を含む。)若しくは第3項(同条第7項並びに第20条第2項及び第5項において準用する場合を含む。)又は第20条第1項(同条第5項において準用する場合を含む。)に規定する事件は、借地権の目的である土地の所在地を管轄する地方裁判所が管轄する。ただし、当事者の合意があるときは、その所在地を管轄する簡易裁判所が管轄することを妨げない。

(非訟事件手続法の準用及び最高裁判所規則)
第42条 特別の定めがある場合を除き、前条の事件に関しては、非訟事件手続法(明治31年法律第14号)第1編の規定を準用する。ただし、同法第6条、第7条、第15条及び第32条の規定は、この限りでない。

2　この法律に定めるもののほか、前条の事件に関し必要な事項は、最高裁判所規則で定める。

(43条〜67条省略)

〔監修者・筆者紹介〕

金澤　均（かなざわ　ひとし）
昭和25年2月18日生。出身地、東京都。
中央大学法学部法律学科卒業。
第一東京弁護士会所属。弁護士。
「実用法律用語事典」「日常生活の法律全集」
（自由国民社刊）など数冊の共著がある。現在、第一東京弁護士会各種委員会で活躍中。
事務所　東京都中央区築地2丁目15番15号
　　　　セントラル東銀座1407号

山川　直人（やまかわ　なおと）
漫画家。著書に「コーヒーもう一杯」（KADOKAWA）、「写真屋カフカ」（小学館）、「ハモニカ文庫と詩の漫画」（ちくま文庫）、「イラスト六法シリーズ」「マンガ法律の抜け穴　男と女のバトル篇」（自由国民社）などがある。
東京都在住。

［イラスト六法］わかりやすい　借地

1989年7月10日　　第1版第1刷発行
2019年12月6日　　第12版第1刷発行

発 行 者　伊 藤　　滋
印 刷 所　奥村印刷株式会社
製 本 所　新風製本株式会社
DTP制作　㈲中央制作社

発 行 所　株式会社　自 由 国 民 社
〔郵便番号〕171-0033
東京都豊島区高田3-10-11
TEL.〔営業〕03(6233)0781　〔編集〕03(6233)0786
http://www.jiyu.co.jp/

Ⓒ 2019年　　　　　　　　落丁本・乱丁本はお取替えいたします。